三流のすすめ

安田登

ミシマ社

はじめに

「三流でいいんじゃない？」

昨年、コロナ下の六月、オンラインイベントのタイトル案が出版社から送られてきました。それが冒頭のものです。

それに対して、私は「三流で」ではなく、「三流がいいんじゃない？」にしませんか、と提案しました。三流がいい？　おや、どういうこと？　と思われた人も少なくないでしょう。

三流の本来の意味は「いろいろなことをする人」です。

試験勉強を始めると別の本を読みたくなる。なにかをやっていても目移りをして、すぐほかのことに手を出してしまう。そんな人は、一つのことに満足できずに、いろいろなことに手を出します。いろいろなことに手を出すから、一つのことがなかなかものにならない。むろん、その道のトップになどはなれはしないし、世の中に認められて有名にもなれない。大金持ちにもなれません。

でも、それがいいのです。

それが三流の人の生き方で、なかなか楽しい。そして、じつはこの生き方こそが、昔の賢人・君子たちにとっての理想の生き方でした。

本書では、古今東西の書物をひもときながら、そのことを明らかにしていきます。

もしなにかうまくいかない、窮屈、苦しい……そんなことを感じている人がいたら、一度、問い直してみてほしいと思います。

今までの自分はめざしている方向が違っていたのかもしれない。自分がめざすのは、本当は三流的な生き方だったのに、世間の無言の圧力で一流をめざしていたのではないか、と。

このコロナ下、社会が機能不全を起こしていることの根底には、皆が一流をめざすという目標設定そのものが間違っていた、ということもあるのかもしれません。

三流がいい。

三流じゃないと、動かないことも多い。そのことに気づいていただきたい。そう思って本書を書きました。

目次

序章

三流のすすめ

三流とは

序章では「三流」とはなにかというお話と、そのすばらしさを書いていこうと思います。

多くの本がそうであるように、本というものは著者の都合のいいように書かれています。本書もそうです。三流人である私が、私に都合のいいように書いています。ですから、そういう人が書く「三流のすすめ」は多分に我田引水、牽強付会《けんきょうふかい》のきらいがあります。むりやりなこじつけ話が多い。ですから、どうぞ眉《まゆ》に唾《つば》をつけながら、話半分にお読みいただければと思います。

さて、人間には一流をめざせる人と、そうではない人がいます。一流をめざしたほうがいい人と、それはやめたほうがいいという人です。本書は後者のために書きました。本書がめざす人物像は「三流の人」です。三流の人になりましょう！　というのが本書の主張です。

一流に価値がおかれている現代です。「なにを言ってるんだ」と言う人も多いでしょう。しかし、本書でいうところの「三流の人」は、皆さんがイメージされるものとはちょっと違っているかもしれません。

三流の人を、本書では**「いろいろなことをする人」**という意味で使っています。ですから、「多流」と言ってもいいかもしれません。

「三流」にその意味があることを知るきっかけは『人物志』という本でした。『人物志』については、六〜八章で詳しくお話ししますが、『三国志』で有名な魏《ぎ》の国にいた劉劭《りゅうしょう》（一〇〇〜二〇〇頃）という人が書いた本で、国家の要職に就任させるにはどのような人物がいいのか、その鑑定の方法が書いてあります。日本でも首相や、首相になる予定のある方、あるいは会社を経営する方にはぜひ読んでいただきたい本です。

この『人物志』では一流、二流という語が、私たちがよく使う意味とは違う使われ方で現れます。

すなわち、**一流とは「一つのことの専門家」**、**二流とは「二つのことの専門家」**という意味で使われているのです。そして、著者の劉劭は、一流の人や二流の人に国を任せてはいけないと言います。たとえば法律の専門家に国を任せると、法を守らない人を排斥《はいせき》したり、法律を守らない国を「悪い国」だと決めつけたりしてしまうからです。しかし、国家の経営はそんな単純なものではない。

では、国を任せることができる人はどんな人かというと「三流の人」だと言うのです（『人物志』では「諸流」という語が使われます）。いくつもの専門を持つ人、三流以上の人でなければいけないと。

「三流とはいろいろなことを専門にする人をいうんだ」と『人物志』ではじめて知りました。私はあれこれ目移りして、子どもの頃から「お前はなんて飽きっぽいんだ」と責められてきました。そんな自分に反省の日々でした。ところが『人物志』によって自分の人生が全肯定された、そう感じました。子どもの頃にもっと早く教えてくれればよかったのに、と思いました。

この気持ちを「自分は一流をめざすことは無理だ」と思っている皆さまにも知っていただきたくて、本書を書いています。

本書を読んでいただきたい方

そんなわけで、本書を読んでいただきたい方と、本書を読む必要のない方について最初にお話ししておいたほうがいいでしょう。書店で以下を立ち読みして、「本書は自分には意味がない」と思われた方は、どうぞ棚にお戻しください。我慢して読むと腹が立つと思います。

本書では「一流はダメだ」なんてことを言おうとはまったく思っておりません。一流はもちろん、すばらしいし、それをめざすことはとても価値のあるすごいことです。

しかし、現代の日本はなんだかんだ言って、やっぱり一流をめざさないといけないんじゃないかと思い込んでいる人が多すぎる。めざすことができる人はそれがいい。でも、そうではないという人も案外多いのに、そういう人にも一流をめざすことが要求されたりします。

世の中には一流をめざさないほうがいい人だっているのです。では、どういう人が一流をめざさないほうがいいのか。

まず、目があっちにいったり、こっちにいったりしてしまう人です。それから、じっと我慢をするというような堪《こら》え性がない人。

こういう人は、幼い頃はかなり楽しい日々を過ごしています。毎日がわくわくの連続で、生き生きしています。周囲からも「楽しそうだね」とか「なんにでも興味を持つ子だね」などとかわいがられます。しかし成長すると、同じことをしていても「飽きっぽい」と言われるようになり、冷たい目で見られるようになるのです。

そして、それがあまりに激しいと社会の不適格者としての烙印《らくいん》を押されたり、病気として薬を調合されてしまったりします。

また、本当は一流をめざすことができないのに、周囲の期待に流されてめざしちゃったりする人もいます。本当は人生を楽しむことが一番得意な人なのに、毎日がとてもつらくなる。

そういう人は一流をめざすことはきっぱりやめて、三流にシフトしたほうがいいと私は思います。

本書は、そういう方のための本です。

本書を読む必要のない方

逆に、本書を読む必要がない方は、一流をめざせる人であり、そしてすでに一流の人です。どのような人かというと、まずは本当に天賦《てんぷ》の才能を与えられた人。

天賦の才能を与えられた人というのは確かにいます。

私は、千葉県の銚子《ちょうし》市の海鹿島《あしかじま》町というところで育ちました。海辺の町です。中学校の一つ下の学年には、読売ジャイアンツに入った篠塚和典さんがいました。高校の同年には西武ライオンズにいた石毛宏典さんがいました。彼らは野球に関する天賦の才を持ち合わせた人です。もし私が野球少年で、中学時代に野球部に入っていたら、篠塚のような下級生が入ってきたときに打ちのめされていたでしょう。努力でなんとかできる差ではありません。

高校を卒業してからも天賦の才を持った人は何人も見てきました。学生時代には大人に交じってナイトクラブでジャズピアノを弾いて学費と生活費を稼いでいました。そこにも世には出ていないながらも天賦の才を持ったジャズ・ミュージシャンがいました。

今生業《なりわい》にしている能の世界にもいます。私などはその足元にも及びません。

また、一つのことをずっと続けていける人も一流をめざすべき人です。これは第四章で詳しくお話ししますが、若くして「天命」を知った人です。あるいは、何十年も同じ仕事や趣味に心から没頭できる人。何時間も同じ作業をしていられる人。「俺はこれだけしかできない」という頑固なラーメン屋さん。

そういう方は、ぜひ一流をめざしていただきたいと思うのです。

しかし、本当に一流になれる人はどのくらいいるでしょう。たとえば企業人だとしたら、一流企業の社長、会長になるような人です。そうなれる人はほんのひと握りの人たちです。ビジネス界だけではありません。能の世界もそうですし、ほかの社会も皆そうです。自他ともに認める一流になれる人は、ほんの少ししかいません。

そして、一流になれなかった人は、自分のことを（ちょっと古い言葉になりますが）「負け組」だと思ってしまいます。そうなると、ほとんどの人は「負け組」になるということは、ちょっと考えれば誰でもわかります。でも、**人類のほとんどすべてが「負け組」って変**でしょ。ある意味、一流をめざす社会というのは、敗者を作るためのシステムが組み込まれた社会だと言うことができます。

そんなシステムに唯々諾々《いいだくだく》としたがって生きるのなんてバカらしいですね。

現代は「一流信仰」がとても強いので、知らず知らずのうちにそれをめざすのがいいと思ってしまいます。一流の人は、その道での一流です。『人物志』がいうように、そのような人に国を任せるのはやめたほうがいい。

しかし、テレビでは一流のスポーツ選手やタレントが政治について説いたりする。本当はそんなの変です。その人にとっての一流の分野はスポーツや芸能なのですから。それなのに議員になったり、知事になったりもする。むろん、その人が政治についても詳しく、経済にも精通していて、人間の機微《きび》もわかるという「三流」の人ならばいいのですが、その道の一流というだけで国政に参与する。

それを変だとも思わない「一流信仰」がはびこっています。それで、皆どこかで「一流はすばらしいんだ」と思ってしまい、そうでない人もめざしてしまうのです。

むろんめざす才能がある人はめざせばいい。しかし、堪え性もなく、天賦の才能もない人。そういう人が一流をめざすと悲劇です。早いとこ、やめましょう。

三流の辞書的な定義

さてここで、「三流」という語について、もう少し見ていくことにしましょう。

「三流」という語を辞書で引いてみると、最初に現れる定義は「三つの流派」というものです。

『日本国語大辞典』には、一六八五年の『日次《ひなみ》紀事』所載の立花会のことが書かれています。そこには、「今の立花の流派は三つある。六角堂池坊、本能寺中大受院、河原町周玉の三つを三流という（臨時「立花会。今時立花有三流、六角堂池坊、本能寺中大受院、河原町周玉是也、三流之徒弟互分争」)」とあります。一流とは一つの流派、二流とは二つの流派、そして三流とは三つの流派、それが第一義です。

三流とはいろいろなことをする人、というのは案外はずれていないようです。

そして、辞書にはこれに次いで、今私たちが使うような意味での三流、すなわち「第三等の階級。二流までもいかない低い等級。転じて、きわめて質のよくないこと」という語義が載っています。その用例としては、上記の用例から二百年もあとの一八九〇～九一年の『緑蔭茗話』(内田魯庵)のものが掲載されています。案外、新しい用法です。

中国ではどうか。先ほどは『人物志』を紹介しましたが、三流という語そのものは『唐律』に現れます。しかし、『唐律』における三流は、三つの流罪(二〇〇〇里、二五〇〇里、三〇〇〇里)という意味なので「流」の意味が違いますね。

英語も見ておきましょう。

英語で三流の人は「サードレート・パースン(third-rate person)」といいます。「三流の(third-rate)」という形容詞を『オックスフォード英語辞典(OED)』で引くと、その初出は一六四九年。前に挙げた『日次紀事』と近い年です。こちらは英国海軍の格付け制度の用語で、帆船の分類のために使われていたようです。

大型で高性能である一等艦(ファーストレート)、それよりやや小さな二等艦(セカンドレート）の帆船。これらに比べて、航行能力（速度、操縦性）においても、火力においても劣るのが三等艦、すなわち「サードレート（第三級）の帆船」です。

しかし、この三等艦は、さまざまな面で最良の妥協点を体現していて、実際には最適な構成であり、一等艦、二等艦をしのぐ活躍をしたようです。

これを書いている二〇二一年春は、昨年から始まった新型コロナ下にあります。外出も憚《はばか》られ、社会活動も制限され、「よし、これを実現するぞ」と目標を立てたのに、それが宙に浮いてしまったという方も多いでしょう。目標を実現するための設備投資などにたくさんのお金をつぎ込み、その返済に苦しんでいる方もいるかもしれません。本当に大変な時代です。

ところがこんなときに強いのがサードレート、三流人なのです。遠い将来などを見ていないので、挫折してもたいしたことはない。もともとつぎ込むべき大きなお金も持っていないし、大金を貸してもらえるほどの信用もない。

だからこその自由さを持っている。**サードレートの帆船のように小回りがきく。**どのような時代でも、すいすいと動きまわれる。それが三流人です。

ファーストレートである一流は確かにすごい！　しかし、三流がもっとも実用的だったりするのです。

このコロナ下で、自分たちを苦しめているものの一つに、無意識のうちに前提としていた一流志向があるかもしれません。それを手放すときがきたと言えるのではないでしょうか。

第一章

これぞ三流！

（1）飽きっぽい

さて、三流とはなにかというお話をしましたので、これから三流の特徴について自分自身の経験もふまえながらお話ししていきたいと思います。

まず**三流人の最大の性格特性は「飽きっぽさ」**です。これがすべての三流の特徴の源泉となっています。

子どもの頃から、私には天賦の才能も、一つのことをやり続ける堪え性もありませんでした。

天賦の才能のほうは、自分たちの責任もあると思ったのか、親も早々にあきらめてくれましたが、「飽きっぽさ」のほうは私に問題があると思われ、「お前は本当に飽きっぽい」と言われ続け、「そんなんじゃ、立派な人にはなれない」と太鼓判も押されていました。

授業中でもじっとしていられずに歩きまわるので、先生からも「もっと我慢を覚えなさい」と言われ、通知表にも書かれ、それでまた親から「だから言ったでしょ」と叱られました。

しかし、ずっと「飽きっぽい」と言われ続けたおかげで、「自分は飽きっぽい人間なんだ」と自覚することができ、中学生になると、この飽きっぽさを受け入れるようになりました。

これがよかった。飽きっぽさをなんとかするのをあきらめるとブレーキが外れます。

小学生の頃は、なにをするにも親がかりです。なにかに興味をひかれ、あれを習ってみたい、これが欲しいと言っても、「お前はどうせすぐ飽きるから」と言われ、すべてをあきらめていました。しかし、運のいいことに私の両親は子どもの教育にあまり興味がなかったらしく、中学生になると親との関係がほとんどなくなりました。目が届かなくなると、なにかをするときに親の許可を得る必要がなくなります。勝手に始めたアルバイトでお金も手に入れ、なんでもできるようになりました。

親と話もしなくなったので、「お前は飽きっぽい」という呪いの言葉も聞かなくなる。そのおかげで中学、高校ではいろいろなことができるようになりました。

（2）ものにならない

中学校に入って親から独立すると、「飽きっぽさの実現化（actualization）」を始めました。入学後、すぐに入った部活は卓球部でした。しかし、一年生は球拾いばかりだったので、すぐにやめました。こういう堪え性のなさも三流の特徴ですね。

余談ですが、うちの中学で運動部をやめるときには先輩たちの制裁を受けました。殴られるのです。それがいやでやめない、という同級生も何人もいました。しかし、私は小さい頃から腹違いの兄から喧嘩の特訓を受けていて殴られることは平気だったので、「殴るなら殴れ」と気楽にやめることができました。

最近では暴力はNGなので、その心配はありませんし、大人になると殴られること自体がほとんどなくなります。しかし、「なにかを言われたら」とか「こう思われたら」などという理由で、本当はやめたいのにやめられないということがあります。三流になりきれない原因の一つがそれです。

でも、それによって自分の人生がどうなるか、それをじっくりと考えて、**やめるべきも**

のはやめる。それはとても大切なことです。どうせ、なにか言われるだけです。五経の一つである『易経《えききょう》』は占いの書でもありますが、その中でたいしたことのない凶として「小《すこ》しく言わるることあり（ちょっと人からなにか言われる）」というのがあります。なにかがあると死に直面した昔です。人からなにかを言われるくらい、たいしたことのないことなのです。そんな気持ちになれるといいですね。

話を戻します。さて、卓球部をやめて、すぐにサッカー部を作りました。

私の卒業した中学校は、高校進学率が四〇パーセントを切るような学校で、生徒はあまり勉強をしません。先生からは「お前らは首から下が強い」なんて言われていました。そんな中学校でモテるためにはなんといってもスポーツです。しかし、一つ下の学年には、先ほども書きましたが読売ジャイアンツで活躍した篠塚和典さんがいました。彼だけでなく、うちの中学には野球がうまい奴が多かった。野球部員の多くは高校でも野球部に入り、甲子園で優勝したほどです。野球ではとても目立てない。そこでサッカー部を作ったのです。「球技大会でいいところを見せてモテるぞ」と思ったものの、球技大会では「サッカー部員は審判」と言われて、全然ダメでしたが。

アマチュア無線クラブも作りました。アマチュア無線をしたかったというよりも海賊ラジオ局を作りたかったからです。当時、海外の短波放送を受信して手紙のやり取りをする

BCL（Broadcasting Listening）というものが流行っていて、そういう放送を聴いているうちに自分でもラジオ局を作りたいと思うようになりました。むろん許可を得ない違法ラジオ局です。

はじめの頃は、真空管でラジオや無線機を作っていました。やがてトランジスタが手に入るようになり、それで携帯用トランシーバも作りました。家の近くの海岸には数キロにも及ぶ防風林があります。ここでそのトランシーバを使って、（中学生にもなって）戦争ごっこをしました。防風林は、日によってさまざまな戦場になり、たとえば今日は独ソ戦なので、真ん中に流れる川はドニエプル川だとか、今日は日中戦なのであの橋は盧溝橋《ろこうきょう》だなどと言いながら戦争ごっこをしていました。

Uコン機を作り、無線クラブの仲間たちと空中戦をしたりもしていました。今考えるとかなりの軍国少年ですが、同時に『「資本論」綱要』（エンゲルス）なども読んでいました。

また、映画もよく観ていました。銚子は大きな都市ではありませんが、漁師の人たちは昼間がヒマなのでパチンコ屋と映画館はたくさんありました。映画を観ると、必ず映画日誌をつけるようになりました。出演者だけでなく、監督、カメラマンなども記録したので、監督で映画を観るということも、この頃から始めました。

バンドを始めたのも中学時代です。坊主頭にエレキギターを抱えてベンチャーズを演奏したり、フォークギターを持ってカレッジフォークを歌ったりしました。ちなみに楽器は友人のお兄さんたちから借りたものです。

レコードプレーヤーを買い、クラシックにも興味を持ちました。当時はiPhoneもウォークマンもない時代。バスや電車でもクラシックを楽しみたいと思い、スコアリーディングも趣味になりました。

本当にいろいろしました。しかし、一つとしてものになったものはありません。

こんな文脈でお名前を出すと叱られそうですが、古代中国の聖人である孔子（紀元前五五二―紀元前四七九、異説あり）も広い意味では「ものにならない」人でした。

ある日、弟子の一人である樊遅《はんち》から、穀物の作り方を教えてほしいと言われた孔子は言います。「私は、田のことは老農（農業のプロフェッショナル）にかなわないからなぁ」と。樊遅は、今度は野菜の作り方を教えてほしいと言いました。孔子は、「畑のことも老圃（畑づくりのプロフェッショナル）にはかなわないなぁ」と言いました。

樊遅はあきれて出ていきました。

このように、一つひとつのことについては孔子も完全なプロフェッショナルではありませんでした。そして、孔子は自分のことを「多能（いろいろとできる人）」だと言っています。

この**多能にして「ものにならず」**、これも三流の特徴です。

（3）役に立たない

中学を卒業して高校に入学しましたが、私が入った高校はとても自由な学校で、多くの授業で出席を取りませんでした。そうなると、さらにやりたい放題になります。まじめなところでは、漢文研究会というものを作りました。授業で学んだ『史記』があまりにおもしろかったので、仲間を募《つの》って『史記』を読む会を作りました。漢文の先生に顧問になっていただいたのですが、先生がテキストとして用意してくださったのが白文の『史記会注考証』（瀧川龜太郎編）。この研究会のおかげで漢文を白文で読むということと、注釈から意味を考えるということを学びました。

カメラを趣味にしている友人たちがいて、彼らが映画を撮ろうと言い出し、8mmカメラで映画を撮りました。東映の映画の最初に出てくる波が砕ける岩は、実家の近くにあるので、そこを撮ってオープニングにしました。

中学時代に始めたバンドは、いつの間にか五つを掛け持ちするようになりました。そのうち一つは、私だけが高校生で、あとは大人というプログレ（プログレッシブ・ロック）・バンドでした。彼らは朝、校門で待っていて、そのまま拉致《らち》されます。やがて学校にも行かず、家にも帰らなくなり、バンド小屋で生活をするようになりました。昼は練習、夜は麻雀やポーカーの毎日です。麻雀がやがて甲骨文字に目覚めていくきっかけになります。

授業にはあまり出ませんでしたが、放課後の漢文研究会は、自分で作った手前、顔を出していました。

また、本の持つ本当のすごさを知ったのもこのバンドのおかげです。イギリスのプログレ・バンド、イエスのキーボード奏者であるリック・ウェイクマンが、オーケストラと共演して『地底探検』や『アーサー王と円卓の騎士たち』というアルバムを出しました。それを聴いて、自分たちもやってみたいと思うようになりました。銚子には市民オーケストラがあり、隣の女子高にはコーラス部がありました。そこにお願いして、高校三年生のクリスマスコンサートで、共演が実現することになりました。

しかし、バンドのメンバーには編曲ができる人は誰もいない。高校生である一番年下の私に、「安田、お前がやれ」と白羽の矢が立てられました。**私だって、音楽教育は小中高の音楽の授業だけ。**全然、わからない。仕方なく東京の書店で和声や対位法の本や『管絃楽法』（伊福部昭）を購入して、独学でオーケストラのスコアを書きました。そのリハーサルのときに驚いた。自分が想像していたよりもすごい音がオーケストラから響いてきたのです。

本を読んで、見様見真似《みようみまね》で書いただけなのに、こんなすごい音が生まれる。本というもののすごさを実感した最初でした。

本の力を実感したことがもう一つ、高校時代にありました。

私の高校時代は一九七〇年代前半です。日本自作航空機協会というところに入っていました。その会報に、ハンググライダーの設計図がNASA経由で手に入るというニュースが書かれていました。すぐさま協会経由で設計図を入手しました。設計図番号は「000007」、日本で七番目の設計図です。当時のハンググライダーの骨組みは竹、布はナイロンタフタでした。

まず竹屋さんに行きました。オーケストラのスコアをパート譜にしてくれた友だちも付き合ってくれました。彼も私も学校にはほとんど行っていなかったので平日の昼間です。

竹屋さんで「これこれの竹が欲しい」と言ったら「お前ら学校にも行かずになにをしているんだ」と言われたので、「じつはこういうものを作りたい」と設計図を見せました。すると「これはおもしろい。よし俺にまかせろ」と車を出してくれ、ヨット屋さんやら金物屋さんやらをまわり、必要な材料をすべて揃えてくれたのです。

最初期のハンググライダーは、体を固定する器具はなく、鉄棒の要領で機体をつかみ、飛行時は体を水平にし、着陸時には脚前挙《きやくぜんきよ》（両足を前方に伸ばす）の姿勢になります。腹筋も背筋も必要です。両翼を友人たちに押さえてもらい、バスケットシューズの紐《ひも》を締めて離陸のための助走を始めました。わくわくとドキドキと不安が一緒の気持ちです。そして、こんなものが空を飛べるものかという疑心もあります。何度か失敗しました。が、さまざまな試行の末、機体がふわっと浮かんだのです。

正直に言えば「飛んだ」とは言えないほどの飛行です。しかし、たった一枚の設計図と、数枚のマニュアルで空を飛ぶことができた。

本というものは、本当にすごいんだと、このときも実感しました。

中学、高校時代に、本当にいろいろなことをしました。しかし、一つもものにならなかった。それだけでなく、大学入試の役にも立たなかった。ものにならなさに加えて、この「役に立たなさ」も三流の特徴です。

いいですか。ここのところをよく覚えておいてください。**三流をめざすと、なにもものになりませんし、ほとんどのことは役に立ちません。**

しかし、中学・高校は本当に楽しかった。それでいいのです。

（4）評価をされない、求めない

飽きっぽい、ものにならない、役に立たないという特徴を持つ三流ですが、もう一つの特徴は「評価の否定」です。誰も評価してくれないし、自分からも他人の評価を求めない、それが三流です。

「おもしろい、おもしろい」と一緒になって楽しんでくれる人以外は「なにやってんの」「なにがしたいの」と冷ややかです。

せっかく部活動まで作ったサッカーだって、球技大会では審判をさせられたので女の子にはモテなかったし、海賊ラジオ局だって、海賊というくらいですから匿名でやっている。ハンググライダーなどは、私の飛行を見た友人から「お前が墜落して死んだことにして、残された恋人を主役にして映画を撮るから」と言われ、映画製作のときにはちょっと飛んだのを撮られただけで、あとは裏方です。オーケストラのスコアだって、クリスマスの大事な時期、受験勉強もせずに書いたのに、先輩たちからは「お前は一番の年下なんだから当たり前」という扱い。

「すごいね」とは誰も言ってくれません。

しかし、周囲の期待もない分、プレッシャーもない。好奇心と目移りの赴《おもむ》くままに、わくわくのびのびといろいろなことにトライできます。そして、なんと言ってもやっていること自体が楽しい。楽しくて、楽しくて仕方がない。それが三流です。

どうやったら楽しめるのか？ それは後ほどお伝えします。

評価に対する無関心は、大人になると評価に対する拒絶にまでなってきました。

この数年、シュメール神話『イナンナの冥界下り』を、シュメール語で上演するという試みをしています。その内容は、ミシマ社から出ている同タイトルの本に詳しく書きました。

本作品は、二〇二〇年末までに二十数回の上演を繰り返し、日本国内だけでなくイギリスやリトアニアでも公演をしました。二〇二〇年にはユング研究所で上演の予定でチューリッヒまで行きましたが、新型コロナウイルスの感染拡大で上演の前夜に州知事から中止要請が出て、上演せずに戻ってきました。

さて、今上演する「試み」と書きました。本作品は毎回、まったく違う形での上演を「試み」ています。それは、文字以前の人間がなにをどう感じていたかを知りたいための上演だからです。

シュメール語というのは、現在知ることができる世界最古の「文字化された言語」です。むろん言語自体はそれ以前から存在していました。シュメール語は、それを文字として定着させ、そして現在でもそれを読むことができる最古の言語なのです。

言語が文字化されると、社会や生活は一変します。その最たるものは「心」の発生です。そのことについては前掲書（『イナンナの冥界下り』）や『あわいの力』に書きましたが、「心」がなかったときに人はなにを感じ、どんなことを思っていたのか。そして、それはこれから来る「心の次の世界」にどのような意味を持つのか。それを知りたくて上演しています。

いわゆるエンターテインメントの作品としては上演していない。それを体験された観客の方がご自身でなにを感じるか、あるいは演者自身がなにを感じるかが大事です。ですから、**アンケートも取りません。**評価はどうでもいいのです。

この上演だけではありません。私は評価されることにまったく興味がありません。ネット書店のレビューは見ませんし、自分のツイッターへのレスも自分がフォローしている人以外のものは見ません。

評価をされないし、求めない。これも三流の特徴の一つです。

三流の特徴として、「短絡的」だということも挙げられるでしょう。未来が見えないと言ってもいい。

試験の前夜にはじめて教科書を開いて「ああ、もう一週間前に開いていれば」と思った経験はありませんか（ないという人には本書は必要がありません）。そして、そういう人は学校の試験だけではなく、入社試験も資格試験もみんなそうでしょう。

そして、人生ずっとそういうことを繰り返しています。

もうちょっと早く飛行機のチケットを取っておけばもっと安く行けたのに、もっと早く連絡を取っていれば、こんなに大きな問題になることはなかったのに、もっと早く引っ越し屋さんを予約していれば、いろいろな選択肢があったのになどなど、枚挙にいとまがない。駅まで行ったのにチケットを持っていなかったとか、月末に気がつけば家賃が足りないとか、そういうこともよくあります。

おそらくこれは治らない。だからあきらめたほうがいいです。

（5）短絡的

あきらめるというのは「明らめる」、すなわち明らかにすることです。「もう自分はこういう人間だ」とはっきりと自覚をする。

「あきらむ」には「心を明るく楽しくする。気持ちを晴れやかにする」という意味もあります。自分はそんな人間だとあきらめることによって晴れやかになるのです。

そして、そんな三流人は、おそらく人生の最後にも「ああ、もうちょっと早く検査を受けて、治療をしていればよかった」などと思うにちがいありません。今からあきらめておいたほうが身のためです。

さて、そういう人の特徴として「目標がない」ということも挙げられます。「今年の抱負」なんてさらさらない。「将来、なにをしたいか」なんて聞かれると困ってしまう。

なにかをめざすなんてことはしない。あるいは苦手。**常に「今」が起点。**その代わり、「今」の目の前には無限の可能性が広がっています。そんな無限の可能性を前にして、今の自分からどこに向かうかを自由に決める。それが三流の人です。

先に「楽しくて仕方がない」と言いましたが、それは「今」を起点にするから必然そうなるわけです。この瞬間を生きる、目標のない生き方なので、人の目を気にする必要がそもそもないのです。なんかジャズっぽいでしょ。

ただし、これはいわゆる刹那主義とは違います。刹那主義とは、たとえば今のコロナ下でいえば、感染の可能性を省みず、自分の楽しさを優先するためにマスクをしないとか、大勢での飲食を平気でするとか、そういう生き方です。

今を起点に生きるとは、そうした刹那主義な生き方とは違い、ちょっと大げさにいえば「三昧《さんまい》」的な生き方です。たとえば一挙手一投足に集中しながら舞を舞う。丁寧なお点前《てまえ》でお茶を点《た》てる。坐禅をする。電車で降りる駅を忘れるくらいに集中して本を読む。そのような「三昧」状態で生きるのです。

すると、ことさら目標などを考えずとも、自然に目の前に行くべき道が見えてきます。ただ、その道がいくつもあるので困ることもありますが。

そしてこれは蛇足ですが、楽しくなにかをやっている人を見ると、誰であれ嬉しくなりますよね。人の目を気にせずとも、かえって人に応援してもらえることがあります。

（6）究めない

三流の特徴の最後に「究《きわ》めない」というお話をしておこうと思います。

「究めない」、正確に言えば「究められない」なのですが、自他ともに認める三流人は、自ら意識して「究めない」ということをします。

一流の人は究めます。そのためにちゃんと準備をして、日々努力をする。しかし、三流の人は、一流の人ほどの準備もせずに、いろいろなことをどんどんするから究めることなど絶対できない。そして、よく失敗をします。でも、それをあまり気にしない。それも三流の人の特徴です。究めようとしないから、失敗もたいしたショックではない。

究める人の生き方は、目標に向かって一直線に進む「直線的な生き方」です。それに対して究めない人の生き方は、ぐるぐるとあちらこちらまわっていく「螺旋《らせん》的な生き方」です。

なにかを一つする。でも、ある程度やったら飽きてしまってやめて、別のことに手を出す。そして、またやめる。またほかのことをする。そんなことをしているうちに、数年経って、あるいは数十年経ってふと気がつくと、随分前にやっていたことをしている。年齢も違うし、経験も違う。同じことをやっても、それは前とは違う。そのようにぐるぐる、ぐるぐるまわりながら、どんどん変化していくのが螺旋的な生き方です。

また、自分の話で恐縮ですが、私が漢文に最初に出会ったのは中学生のときでした。『詩経』と出会いました。しかし、サッカーやらアマチュア無線やらをやっているうちに忘れ、高校時代にまた授業で漢文に再会し、今度は漢文研究会を作ります。これも一応は続けますが、興味の中心はバンドに移ります。大学では一応、中国古代哲学を専攻してはいましたが、ナイトクラブでピアノ弾きのアルバイトをしていたし、ジャズやロックもやっていたので、ほとんど学校には行きませんでした。友人たちからは「文学部ピアノ科」などと言われていました。

卒業したら大学院に行くつもりでお金を貯めていました。しかし、実家でお金が急に必要になり、それを渡したので就職をしました。国語科教諭ですから漢文ばかりやっているわけではない。部活や授業に忙殺されているうちに漢文のことなど忘れていましたが、教員二年目のとき、新しい漢和辞典を作るので手伝えと、学部しか出ていない私にも声がかかり、また漢文と関わるようになりました。漢和辞典では熟語を担当しました。が、ワープロもパソコンもない時代にその作業はあまりにつらく、原稿を渡した時点で文系の世界からは足を洗い、身体系の世界に飛び込んで能楽師になりました。

もう二度と本を書くことも、仕事として漢文に携わることもないだろうと思っていたところ、香港で風水戦争（第九章で詳述）が起こり、それに興味を持った知人から「風水の本を書かないか」と言われたので、台湾に風水を学びに行き、久しぶりに漢文や中国語の本を読むということをしました。また、大陸にも風水関係の本を買いに行ったりして、ペンネームで風水の本を書いたのは一九九〇年代のことです。

その出版社から、ほんの偶然で3DCG（三次元コンピュータグラフィックス）の本を出すことになり、今度は3DCGの世界にどっぷりつかったのでまた漢文は忘れ、そのうちにロルフィングと出会ったら、また身体系の世界に戻っていました。

それから、引きこもりの人たちと付き合うようになり、彼らと身体技法のワークショップをしながら『おくのほそ道』の跡をたどって歩くという活動をしていました。そのときに、彼らと『論語』を読もうという話になり、そこから『身体感覚で「論語」を読みなおす。』という本ができました。また漢文です。

そこからは、松尾芭蕉や能の本を書いて漢文から離れていたら、今度はミシマ社から『すごい論語』という本を出すことになったり、開成高校で高校生に『史記』の話をすることになったりと、またまた漢文が目の前に出現しました。

このように、**やっては忘れ、忘れてはやる、**というのをぐるぐる、ぐるぐる繰り返していく。

これはサッカー部から始まった身体系もそうですし、アマチュア無線から始まったテクノロジー系もそうですし、中学時代のバンドから始まった音楽もそうです。やっては忘れ、忘れたらまたやる、それを繰り返しながら螺旋のように変化していくのが「究めない」三流の螺旋的な生き方なのです。

第二章

螺旋的に生きる

途中で死んでも後悔しない生き方

螺旋的な生き方は、目標がないので途中で挫折するということがありません。「死」によっても、中断されません。これは強い。

私が小学校一年生のときに祖母が亡くなりました。当時は家で亡くなりますので、祖母が死にゆく過程と毎日付き合っていくことになります。亡くなる前の数日間は、毎日祖母と夢の話をしていました。昨夜、祖母がどんな夢を見たか、私がどんな夢を見たかという話をしていました。

そして亡くなりました。

昨日まで話をしていた祖母が今日はいないということとともに、昨夜祖母が見た夢はどうなってしまったのかということがとても気になりました。目覚めなかった夢は、夢を見たことになるのか、ならないのか。これは、それから数年間、私の思考を占めることになりました。

祖母の火葬のときに、焼却炉の窓から焼けて崩れていく遺体を見た。祖母は自分の息子を何人も太平洋戦争で亡くしていますし、自身も浅草で東京大空襲に遭《あ》っている。そんな話をよくしてくれました。お国のために殺された息子をどう思っていたのか。自分が棺桶に入る瞬間、意識があったら祖母は自分の一生をどうだったと思ったのか。そして、自分が死ぬときに果たして自分の人生はどうだったと思うのか。

また、実家は海にもっとも近い家だったので、海で人が亡くなると（私が子どもの頃はひと夏に一人は亡くなっていました）、庭が水死体捜索本部になります。そうなると、毎年一体は土《ど》左衛門《ざえもん》（水死体）を見ることになる。

「死」がとても身近にありました。

だからか小学生の低学年の頃は、「死ぬ」ということはどういうことなのかをずっと考えていました。

私たちはよく「幸せになる」と言います。しかし、「幸せになる」段階の途中で死んだら、それはどんな人生と言えるのか。直線的な人生を生きている人が、その生が途中で終わるということを知らされたら、その人はどう思うのだろうか。

「どの時点で死んでも後悔はない、そんな生き方をしたい」

小学生のときにはそこまで深くは考えなかったと思うのですが、しかし、頑張れば報われるという努力や「いつか」ということには懐疑的になりました。そして、これは今に至るまでずっと続いています。

大学だって受験勉強をしなければ入れないようなところは受験もしない。就職だってそうです。**この身、このままで採用してくれるところに就職**します。

むろん短期的な努力はします。これはおそらく平均的な人よりもすると思います。努力というより、没入します。「今」を起点にしているわけですから。

飽きっぽいのにできる三つの理由

何度も書きますが、私は飽きっぽい。そして、なにをやってもものになりません。

中学時代に一緒にアマチュア無線クラブを作った友人は、高校に行ってもその趣味を続けて理数系の大学に進学しました。高校時代に映画を作った友人は、放送局に就職して多くの人が知っているテレビ番組を制作しました。バンドをやっていた先輩たちは七十歳近くになっても、まだバンド活動をしています。

ところが私ときたらなに一つものになっていない。学生時代に学んだ中国古代哲学も、また現在の仕事である能楽でもたいしたことありません。

もしハンググライダーをあのまま続けていけばハンググライダー界のパイオニアと呼ばれていたかもしれない。でも、一度空を飛べるとある程度満足してしまい、目の前におもしろそうなことがくるとそちらにフラフラといってしまう。

でも、本当に飽きっぽかったら上下二冊の『管絃楽法』なんて読めないし、オーケストラのスコアだって書くことはできない。ハンググライダーの製作だって途中でやめてしまうでしょう。

飽きっぽいのに、なぜそれができるのかと聞かれることがあります。

おそらく三つの理由があります。

一つは**行動**です。ＮＡＳＡから設計図が出たと聞けばすぐに取り寄せる。その設計図を持って竹屋さんに行く。オーケストラと共演をしたいと思えば、オーケストラに入っている友人に代表の人を紹介してもらって会いに行く。女子高に行ってコーラス部の部長と仲良くなる。風水の本を書くといえば台湾に勉強しに行く。

これはいわゆる「行動力」とはちょっと違います。そんな大げさなものではない。ただ、腰が軽い。フットワークが軽い。これを取ったら私にはなにも残りません。だから、今でも自由に動きまわるようにしています。この「行動」については第五章の『中庸』で詳しく書きます。

飽きっぽいのに、いろいろできる理由。もう一つは**友人たちの助け**です。

オーケストラの編曲をしたときには、弦楽器を弾く友人たちや管楽器奏者の友人たちが、私の書いたスコアの一部を演奏してくれて「ここはこうしたほうがいい」とか「これじゃあ、演奏ができない」と指摘してくれました。また、オーケストラのスコアをパート譜に落としてくれる友人もいました。

ハンググライダーは前述した竹屋のおじさんだけでなく、ヨット屋のおじさんの世話にもなりましたし、ナイロンタフタをミシンで縫ってくれたのは同級生の女生徒たちです。そして、組み立ては手先の器用な友人がやってくれました……って、あれ、自分はなにをしていたんだろう（笑）。

今だってそうです。何冊か本を書いていますが、私は飽きっぽいので、編集者の方たちから尻を叩かれてはじめて完成品となります。

「他人のふんどしで相撲を取る」

他の人に助けてもらう、これはとても大切です。

そして、もう一つが「**没入**」です。なにかをしているときには、その世界に没入します。よく「同時に」いくつもしているように思われます。が、それは違います。「同時」にはしていない。「同時期」にしているだけです。なにかをしているときにはそのことに没入し、それから離れたら、前のことは忘れて次のことに没入している。

そして、そのための工夫もします。

バンドの掛け持ちをしていたときもそうです。ロックンロールをするバンドのときには髪をポマードで固めて、学校では禁止されていたバイクで二ケツして、タバコの煙がもうもうと立ち込める小屋で練習をしていました。プログレッシブ・ロックのバンドのときには長い髪をそのまま垂《た》らして、服装も教祖のような恰好をし、怪しいバンド小屋で生活をしました。フォークソングのバンドではパンタロンのジーンズで演奏し、女の子に曲を頼まれればにこにこしながら優しい曲を書きました。

中学生のときもそうです。戦争ごっこをするときには軍歌を熱唱したかと思うと、一人になると北京放送やモスクワ放送を聴きながら毛沢東やエンゲルスを読んでいた。

まるで多重人格です。でも、これでいいのです。このことについてはあとで、サブパーソナリティという考え方を紹介します。

没入は集中とは違います。目の前にあることに自分自身が没入してしまうと、そこには「集中するぞ」と客観的に見ている自分はいません。全身、全心がそのものに入り切っているのです（全霊が入るほどはできない）。

またまた孔子にご登場願いましょう。

孔子が、斉《せい》という国で「韶《しょう》」という音楽を聴きました。孔子はその音楽のすごさに、三カ月間も肉の味がわからなくなってしまったのです。

すごいでしょ。この没入力。『史記』に載る孔子の楽《がく》のエピソードでも、孔子が音楽と一体化していたと読めるような記述があります。我を忘れて没入する。それが孔子だったのです。

松尾芭蕉はこれを「風雅の誠」と呼びました。

芭蕉は「松の事は松に習へ、竹の事は竹に習へ」と言います。松のことを詠《よ》もうとするなら松に習え、竹ならば竹に習えと言いました。この「習う」というのは、そのものに「入る」こと、すなわち自分がそのものと一体化することだと言います。

芭蕉の俳諧《はいかい》の方法は対象を観察するのではなく、対象と一体化することでした。そのためには「自我」があってはいけない。むろん句を詠む「自分」は必要です。しかし、「俺が、俺が」という「自我」は無用です。邪魔です。

没入することによる**「自我の希薄さ」**、これも三流の人の特徴の一つですね。

「もっと自分というものをしっかり持て」とか「お前のアイデンティティはなんだ」などと言われます。自分はある、でも自我なんてない。それが三流です。「自他分別」から「自他通い合う世界」に通じる、案外すごいのが三流なのです。

「飽きる」のは自分のせい？　お前のせい？

繰り返しますが、三流の特徴の根底にあるのは「飽きっぽさ」です。子どもの頃からずっと「お前は飽きっぽい」と言われ続けてきました。そこまで言われれば「飽きる」とはどういうことなのか気になります。

「飽きる」ということを、言葉の面から考えていこうと思います。

「飽きた」を日本語で言うときと英語で言うときとは、そのニュアンスに大きな違いがあります。

日本語では「俺は飽きた」とか「私は飽きました」と主体が自分です。それに対して英語では「I'm bored」「I'm tired of it」などとbe動詞＋過去分詞でまるで受動態のようです。自分が飽きたのではなく、お前のせいで俺は飽きたんだという感じです。また「It's boring」とも言いますが、これなどはすでに自分は関与すらしていない。そいつがダメなんだと完全に自分の責任を手放しています。

日本語は、飽きた責任が自分にあるのに対して、英語では飽きた責任は相手にあります。

このように過去分詞を形容詞として使う用法（分詞形容詞）は、主に感情動詞で使われます。日本語では感情は自分の内から湧いてくると考えますが、英語では感情は外的な要因によって動かされると考えます。

「自分のせい」と「お前のせい」の違いですね。

日本人の遺伝子とアメリカ人の遺伝子を比べたときに、日本人は一つのことをやるのが得意な人が多く、アメリカ人はいろいろと目移りする人が多いということをNHKの『人体』という番組でやっていました。

飽きるのは自分のせいと考える日本人と、飽きる責任は外部にあると考える英語話者との違いは、遺伝子レベルからあるかもしれません。

また、日本語で「飽きる」と書くときに使う漢字は「飽」です。飽の右側（旁《つくり》）の「包」は妊娠した状態を象《かたど》ります。お腹の中に赤ちゃんがいて、フル（full）な状態です。ですから「飽」も、もともとはお腹の中になにかが入っていて、もういっぱいという意味です。

日本語の「あく」も「アマリク（余来）＝過剰にある」からきたという説もあります。「秋」という季節も、食物が豊かにとれる季節だからだと言います。

このように日本人の「飽きる」というのは、いっぱいになった状態であり、もうお腹いっぱいだから食べられない、もうやり尽くしたからいいやというニュアンスを持っています。

それに対して英語の「tired」や「bore」は、「不足すること（to lack）」や「欠落によって欲求すること（be wanting）」が語源です。「bore」の語源には「穴が空いている（hole）」というのもあります。「I'm bored」は、やる気を削《そ》がれちゃったとか、穴が空いちゃったというニュアンスがあり、「It's boring」には、もう穴が空いたからいらない、みたいなニュアンスがあるのかもしれません。

英語の場合は相手の価値がなくなったから、もういいやと捨ててしまう感じなのに対して、日本語の場合は「もうお腹いっぱい」だから飽きるという感じです。

ですから、三流の飽きっぽい人というのはすぐお腹いっぱいになりやすいという人です。悪い言い方をするとキャパが小さい人。よく言えば「足るを知る」人です。それに対して一流の人はいつまでたってもお腹いっぱいにならない人です。

三流人である私は胃が小さいからすぐお腹いっぱいになってしまって、もうこれはいいやとなる。でも、その代わり胃がいっぱいあります。それに対して一流の人は大きな胃が一つだけある人です。

また、先ほど見たように「飽きる」にかぎらず、日本語の特性から、日本人は感情に対して責任を持ちすぎる傾向があります。とくに三流の人は、すぐにお腹がいっぱいになる人ですから、その傾向は強くなります。**もっと相手のせいにしてもいい**のではないでしょうか。

ちなみに、英語話者に「お前は飽きっぽい」というのはなんと言うかと聞いたら、それ自体にはぴったりしたものがないそうです。そうであるならば、私のように子どもの頃から「お前は飽きっぽい」と言われなかったのでしょうね。「飽きっぽい」に近いものは「giver-upper」のようです。ただし、こちらのほうには「すぐにあきらめる」という意味も入っているので、日本語の飽きっぽいとは少しニュアンスが異なりますね。

欲望を渇望に育てる

いくつもの胃を持ち、しかもその胃が小さいと、一つの胃はすぐにいっぱいになる代わりに、すぐにほかの胃の空虚感に気づかされます。お腹がいっぱいなのに、まだ食べたい。

いわゆる「別腹」です。

そして、その空虚感が好奇心です。好奇心を持つというのが胃の中にものがない状態であるならば、胃が小さい人のほうが好奇心が強いということになります。そして、空虚感も強い。

強い空虚感を日本語では「こひ」と言いました。

「こひ」という語には、「恋」という漢字を当てられることが多いのですが、本来は「乞ひ」、すなわち渇望をいう言葉です。空隙《くうげき》を埋めたいと思う強い欲求です。

これは「思ひ」グループに属する語です。「思ひ」グループに対するのは「こころ」グループです。

「思ひ」という言葉と「こころ」という言葉とは、能の中ではちょっと違うニュアンスで使われます。

たとえば能『隅田川』。この演目は、人買いにさらわれた我が子を追って、狂女となった母親が、京都から武蔵の国（東京）の隅田川までやってくる場面から始まります。

彼女は隅田川を前にして平安時代の物語『伊勢物語』を思い出します。『伊勢物語』の主人公の在原業平《ありわらのなりひら》は、この隅田川で都にいる妻のことを思っていた。自分はここで我が子のことを思っている。対象はまったく違う。でも「思ひは同じ」と能では謡《うた》います。

対象というのは「こころ」が生み出します。「こころ」の特徴を一言でいえば変化することです。「こころ変わり」という言葉もあります。在原業平も、さまざまな女性にこころ変わりをしてきました。そのような変化する「こころ」に対して、「思ひ」というのは変化しない心的機能をいいます。

在原業平と自分（母）とは対象は違っている。しかし、「思ひ」は同じだと謡います。そして「思ひは同じ恋路なれば」と続ける。ここで「恋」が出てきます。

「恋」は「こひ（乞ひ）」です。思いの深層から欲する行為が「こひ」です。定義的な言い方をすれば「本来は自分の一部だと思っているものが一時的に欠けてしまって、それが埋まるまで不安で仕方ない状態」。それが「こひ」です。

たとえばバーゲンセールに出かける。人波をかき分けながら欲しい商品を一心不乱に探す。子どもが「お母さん」と言っても、「ちょっと待ってなさい」と邪険にする。が、ふと気づくとその子どもがいない。「どこに行ったの」と、さっきまでの一心不乱さも消え失せ、子どもを探す。ひょっとしたら誘拐されてしまったのかもと不安になる。子どもが見つかるまで、その不安は消えない。それが「こひ」です。

能『隅田川』の母は、人買いにさらわれてしまった我が子が帰ってくるまで不安で仕方がない。在原業平の場合はその対象が妻です。その渇望感が「こひ」なのです。

三流の人は、この「こひ」がすぐに発動します。それが好奇心となります。しかし、ここで注意したいのは、「こひ」とは渇望であるということです。「なんか欲しいかな」くらいだったら、それは渇望でも、「こひ」でもないし、好奇心でもない。ただの目移りです。

最初はただの目移り、軽い欲求、欲望のこともあります。その欲望を渇望までに育てることが大切です。そのためには欲望をすぐに満たしてもいけません。少なくとも**「物」**や**「情報」で満たしてはいけない。**お金を使って、その欲望を満たすためになにかを買ったり、あるいはネットで検索してわかった気になったりしてはいけません。

では、我慢が大切かというと、三流の人は我慢が苦手ですから、そんな酷《こく》なことは言いません。その欲望を満たすために「行動」をすることが大切なのです。

それについては第五章でお話しします。

サブパーソナリティを自由に出す

飽きっぽくてもいいし、あれこれ目移りしていろいろなことをしても全然問題ない、ということを書いてきましたが、ここでそんな三流の人に勇気を与えてくれる心理療法を一つ紹介したいと思います。

イタリアの精神科医ロベルト・アサジョーリ（一八八八－一九七四）の創設したサイコシンセシスという心理療法です。

アサジョーリは、フロイト（一八五六－一九三九）やユング（一八七五－一九六一）と近い時代の人であり、二人と同じく無意識を扱った精神科医です。フロイトやユングに比べて日本では知名度が低いですね。

フロイトやユングとアサジョーリはなにが違うのか、それを無意識に対する考え方の違いから見てみましょう。『無意識の構造』で河合隼雄《はやお》氏の描くユング的な心の構造の図と、アサジョーリの心の構造の図とを比べてみましょう（図1）。

上側のユングの図では、「意識」の真ん中に「自我」があり、その下部に個人的無意識をはじめとするさまざまな「無意識」が広がっています。下意識という言葉もあるように、フロイトやユングのいう無意識は、人の下部にあるようなイメージがあります。意識の深奥にあるドロドロしたもののような感じです。

それに対してアサジョーリは、そのような下位無意識の存在を認めながらも、人の無意

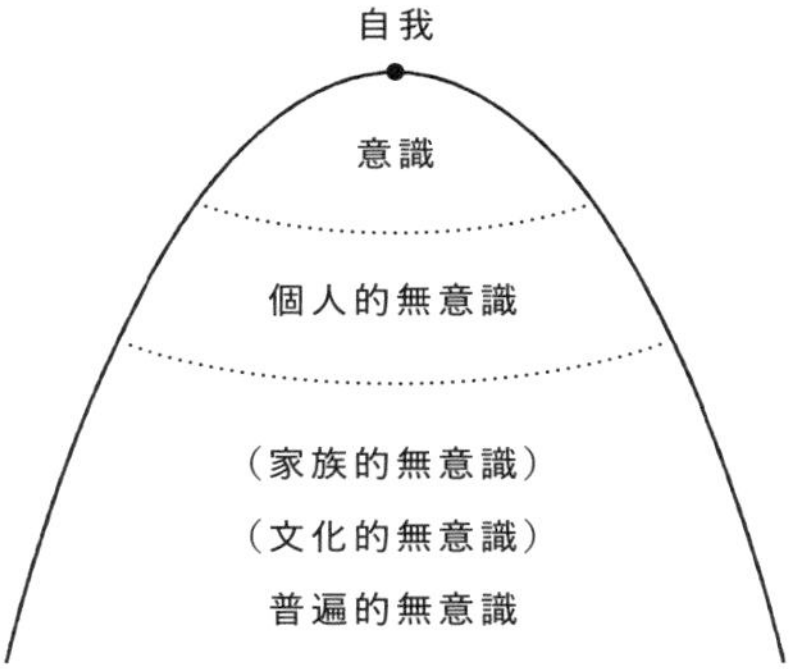

ユングの心の構造図

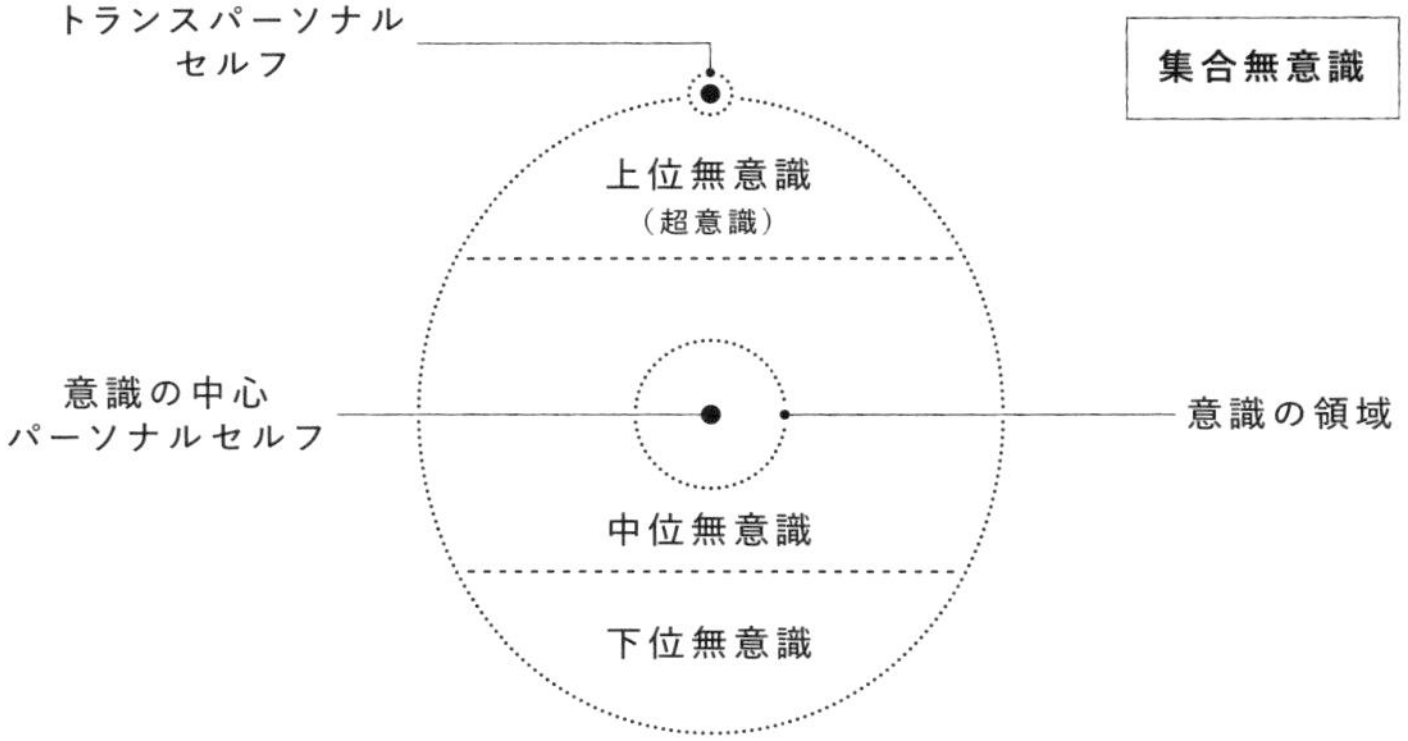

アサジョーリの心の構造図

図1

識にはもっとすばらしいもの、明るいものもあるのではないだろうかと考え、上位無意識という概念を提示しました。さすが光の国、イタリアの人ですね。

意識の中心である「セルフ（自己）」は、中位無意識の中にある意識の領域にありますが、それは上位無意識にある、高次のセルフであるトランスパーソナルセルフと呼応すると考えます。

また、ユングの図は下が開いていますね。これについて河合隼雄氏は「閉じられた有限の個人の世界が、実は普遍的に人類一般に開かれているところに面白みがあり、その開かれた状態を強調するとなると」このようになると言います（『無意識の構造』）。

では、アサジョーリの心の構造図は閉じているかというと、彼の図をよく見ると周りが点線になっていることに気づくと思います。アサジョーリもユングと同じく、個人の世界が外部に開いていることを示すとともに、個人と外界とが浸潤《しんじゅん》関係にあることを示します。

本書では、サイコシンセシスそのものについてはお話ししている紙幅がないので、ここではサイコシンセシスのアイディアの一つであるサブパーソナリティという考え方を紹介することにしましょう。

「あなたの性格は内向的ですか、外向的ですか」とか、「元気な人ですか、静かな人ですか」などと聞かれます。そんなこと言われたって状況によって違いますよね。あるいは「そんな人だとは思わなかった」などと言われることもあります。勝手にこちらの性格をこうだと決めて、それと違ったら「そんな人だとは思わなかった」とはひどい話です。

だいたい人の性格などはころころ変わるものです。

という考え方がサブパーソナリティです。

人の中にはさまざまな人格があり、状況や人によって、さまざまな人格が顔を出します。それもほぼ無意識のうちに。

たとえば家族の前にいる自分と、会社の同僚といるときの自分。あるいは同じ会社でも上司といるときの自分。また、恋人といるときの自分。

まったく違う自分が顔を出します。

子どもの頃、自分たちに向けて発するお母さんの声と、誰かと電話で話しているお母さんの声がまったく違って驚いたことがあるでしょう。ちょうど今、世界中が新型コロナ下にあり、在宅で仕事をする人が増えています。家にいるときのお父さんと、会社の部下や上司に対するときのお父さんがあまりに違うので、ショックを受ける子どもが多いといいます。

しかし、それは当たり前です。状況や人によってまったく違った人格が現れる。この一人ひとりをサブパーソナリティと呼びます。

ですから「あの人は人によってころころ変わる」とか「まるで多重人格のようだ」というのは当たり前なのです。これは変わらないほうがまずい。アイデンティティという用語が流行ってからは、人格の一致が求められるようになりましたが、そんなことを気にしないほうがいいですね。

私たちの中にはこのサブパーソナリティをコントロールする「指揮者」のような存在がいます。そして、「今は上司の前にいるからAさんを出しなさい」とか「子どもの前にいるからBさん」などと、その場、その状況にあったサブパーソナリティを出していきます。

この指揮者がうまく機能しないと社会生活で問題が生じます。

上司に対して子どもに接するときのサブパーソナリティを出したり、あるいは家族に対して仕事のときのサブパーソナリティを出したりすると変な人だとか、空気が読めない人だと思われてしまいます。

そうそう。よく空気が読めない人がいますが、それはこの指揮者が機能不全を起こしている可能性もあるので、その場合サイコシンセシス・カウンセリングによって指揮者の機能を回復させることができれば解決することができるかもしれません。

指揮者の機能不全で一番問題になるのは「行きすぎた同一化」です。職業が実生活にも出てしまうという人が少なくありません。役者などでは、芸と実生活がつながっているのが望ましいなどと言われます。

でも、アナウンサーの人が、家でもあのように話をしていたら変でしょ。ボクサーが街で出会った気に食わない人を殴っていたら大変です。しかし、学校の先生は、子どもや配偶者に対しても教師としての態度で接しやすいといいます。役者は本当の自分がわからなくなるともいいます。

アサジョーリは次のように言います。

私たちは自己同一化しているすべてのものに支配されます。私たちは自分が脱同一化するすべてのものを支配し、コントロールすることができます。

（『サイコシンセシス』）

どのサブパーソナリティにも支配されず、自由にそれらを出していくためには「脱同一化」が必要なのですが、それに関してはいつか機会があったらお話をしたいと思います。興味のある方は、アサジョーリの著作をお読みいただければと存じます。

一流になるとは生け贄になること

飽きっぽい人は当然、一流をめざすことはできません。しかし、それでいいのです。もし私が中学時代にサッカー部を作ったときに、プロになるべく一流をめざしていたら、アマチュア無線もバンドもできなかったかもしれない。

一流をめざすということは、なにかを捨てなければならないということでもあります。大きな犠牲を払い、そして自分自身も生け贄《にえ》になるくらいのつもりがなければいけない。

村上春樹の『スプートニクの恋人』の中の登場人物の一人であるミュウは、幼い頃からピアノの演奏に優れ、年少の音楽家を対象にしたコンクールでも最優秀賞を受け、音楽大学では高名なピアニストの指導を受け、そして推薦されてフランスの音楽院に留学したほどの「一流」のピアニストになるような人でした。ところが、彼女はあることがきっかけでピアノを弾くことをやめました。

いろんなことを犠牲にしてきたのに、どうしてそんなにあっさりとピアノを捨てることができたの？　と尋ねられたミュウは答えます。

「わたしがピアノのために犠牲にしてきたのはいろんなこと、、、、なんかじゃない。あらゆ、、、ることよ。わたしの成長過程に含まれたことのすべて。ピアノはわたしに、わたしの肉や血をまるごと、供物《くもつ》として要求していたし、それに対してわたしはノーと言うことはできなかった。ただの一度も」

一流になるというのは、それほど大きな犠牲を強いる行為なのです。

五経の一つ『易経』の言葉に「亢竜《こうりよう》悔いあり」というものがあります。昇りつめた竜は下らなければならないという句です。

一時期は大活躍をしたスポーツ選手や、大人気を博したタレントが、ピークを過ぎたときに人生に悩むということはよくあります。一流になるために払った大きな犠牲が、自分の中のクレバス（裂《さ》け目）になり、その深淵をのぞいたときに、恐ろしさに耐えきれずに自暴自棄になる人もいます。

バイク事故で亡くなった叔父がいます。子どもの私を前に抱えて、いつも猛スピードで疾駆《しっく》していました。子どもの頃はそれが楽しくて仕方がなかった。その叔父が自分で崖に突っ込んで亡くなりました。優秀な人で、戦争中は戦闘機乗りで、特攻に行く直前に終戦になったと、写真を見せながらいつも話をしてくれていました。バイク事故で亡くなるような運動神経の持ち主ではありません。しかし、死ぬことを目的に生きていた特攻隊員は、生き残るとそれから先の人生の意味を見出せなくなってしまうといいます。もちろん、叔父がそうだったかはもはやわかりませんが。

一度は「一流」を手にしても、なんらかの理由でそこから離脱したときに、それは大きな欠落になることがあります。そして、その人は欠落に慣れていないから、それを克服するすべを知らないおそれがあります。

むろん、そのことが本当に好きならば問題ないでしょう。

ちょうどこの本を書いている今、東京オリンピックを実施するか、延期するか、中止するかということが世間では騒がれています。せっかく練習してきたのだから、その成果を発表する場が欲しいというのは人情です。

本当にそれが好きな人は、人の評価などは気にしません。しかし、本当に一流な人はともかく、一流をめざす人は評価を気にする人が多い。他人の評価のために、自分自身を生け贄にするのはつらいことです。

ましてや、天賦の才能もないし、飽きっぽい私のような人間がそこをめざすと、ただの生け贄で人生が終わってしまいます。ですから評価など気にせず、飽きっぽいと言われても相手にせず、ただただ自由に生きる、それが三流人です。

ホモー・スム（私は人間である）

「飽きっぽいことはいけないことだ」という呪いの言葉は案外根強く、「よし自由に生きよう」と思っても、脳内でこの言葉が何度も繰り返されて、思わず自分を責めたり、自由に生きるのに罪悪感を持ったりしてしまうことがあります。また、新たな呪いの言葉を発して自由さを奪おうとする人もいます。

ここでは、それらに巻き込まれないためのキーワードをいくつかお話ししておきます。

最初のキーワードは「ホモー・スム（homō sum）」です。意味は「私は人間である」。「私は人間であるって、え、だからなに？」と思うでしょ。まあ、先を読んでください。

この言葉を知ったのは学生時代でしたが、出典や正確な文章を知ったのはラテン語学者の山下太郎さんのブログでした。全体の文はこれからお話ししますが、まずは「ホモー・スム」と覚えてしまいましょう。キーワードは短いほうがいいのです（以下、テレンティウスの言葉については山下太郎さんのブログからまとめました。文法的な説明も詳しくされていますので、ご興味のある方はぜひそちらをお読みください。https://aeneis.jp）。

全体の文はこうです。

Homō sum. Hūmānī nīl ā mē aliēnum putō.

（ホモー・スム。フーマーニー・ニール・アー・メー・アリエーヌム・プトー）

「私は人間である。人間に関わることで自分に無縁なものは何もないと思う」

（テレンティウス『自虐者』）

自分は人間だから、この世の中にあるものはすべて自分に関係がある。自分に無縁なものなど世の中にないというテレンティウスの言葉、いいですね。無縁なものがないわけですから、いろいろなことに興味を持つのは当然です。

「そんなにいろいろ興味を持って、一つとしてものにならないじゃないか。なぜ、そんなに目移りをするんだ」と言われたら「ホモー・スム」と答えましょう。

森羅万象《しんらばんしょう》、あらゆるものが自分と関係があります。

弘法大師空海は『即身成仏義《そくしんじょうぶつぎ》』の中で「重重帝網《じゅうじゅうたいもう》」という言葉を使いました。「帝網」

というのは、帝釈天《たいしゃくてん》の宮殿にある網《あみ》です。網の結び目は宝珠になっていて、その宝珠は互いが互いを映し、全体が鏡映しています。それが「重重帝網」です。私はあなたであり、あなたは私です。そこに自他の区別はありません。

人間だけでなく、動物も自然も皆そうです。あらゆるものが連関している。それが世界であると空海大師は言います。

宮沢賢治は『インドラの網』という幻想的な短編寓話を書きました。インドラとは帝釈天のこと、インドラの網とは空海の帝網です。また『銀河鉄道の夜』(第三次稿まで)で、友人カムパネルラが消えてしまい、一人残されたジョバンニが泣いていると、カムパネルラが座っていた席に、黒い大きな帽子をかぶった男が座り、ジョバンニに向かって「みんながカムパネルラだ」と言います。すべての人がカムパネルラであり、そして誰もが誰もなのです。これも「重重帝網」です。

人間はもともと自然の中の一部です。自然は宇宙の中の一部です。すべては全体であり、全体は一部でもあります。私たちは、星でもあり、木々でもあり、虫でもあります。だから星にだって、木々にだって、虫にだって共感し、そしてそれと一体化するような観想をすることができます。

しかし、虫はおそらく人間を見て自分と同じだとは考えない。

この観想能力や共感能力こそが人間のすごいところであり、おそらくは三流の人の得意とするところではないでしょうか。このことはあとでまたお話ししますね。

格言返し

共感についてお話しする前に、もう一つお話ししておきましょう。

三流の人を苦しめる呪いの言葉を吐くのは親や先生だけではありません。社会に出てからもいろいろと言う人がいます。とくに「格言」でマウントを取ろうとする人がいます。そういう人には「いや、こんな格言もありますよ」という「格言返し」をしましょう。

たとえば「二兎を追う者は一兎をも得ず」。

いくつかのことをしていると、「昔から二兎を追う者は一兎をも得ずというではないか」とよく言われます。これ対する格言返しは、ご存じ「一石二鳥」です。

が、それより前にこの「二兎を追う者は一兎をも得ず」は、「昔から」というのには新しすぎます。まず、これは日本や中国のことわざではなく、西洋由来のものです。出典は『西洋諺草《ことわざぐさ》』（一八七七）。そして、じつは「一石二鳥」も西洋由来です。

では、東洋のものはどうかというと『旧唐書』に「一本の矢が二匹の兎を貫いた」というのがあります（『代宗紀』）。東洋では「二兎を追う者は一兎をも得ず」ではなく「一本の矢で二兎を得る」だったのですね。

ですから「二兎を追う者は」と言われたら、いやいやそれは西洋的な考え。東洋は逆だよ、と教えてあげましょう。

また、「器用貧乏」というのもよく言われます。これに対しては「多芸多才」と返したいのですが、これに関しては第四章で詳しくお話ししますね。

でも、本当に格言返しをすると嫌われる可能性が大なので注意をしてくださいね。ちなみに私は心の中だけで止めておきます。

内臓が反応する共感

では、共感の話をしましょう。

三流人の飽きっぽさは没入しやすさの裏返しでもあります。そして、没入しやすいというのは共感能力が高いからです。

共感というのはもともと日本語にはなかった言葉で、英語では「compassion」と言います。この語は『聖書』では「憐れみ」と訳されたりもします。ギリシャ語（コイネー）で書かれた『新約聖書』では、イエスの「憐れみ」にかぎって、内臓が動くという意味の「スプランクニゾマイ（σπλαγχνίζομαι）」という語が使われます。『新約聖書』で憐れみを意味する語はほかにもありますが、「内臓が動く」という表現は非常にインパクトがありますね。

でも、そういう経験、ありますでしょ。いても立ってもいられなくなるような感覚。それは、頭でも、また心でもなく、内臓が反応する共感。それが「スプランクニゾマイ」です。これは多かれ少なかれ誰もが持っている共感の力です。

この「スプランクニゾマイ」という語は、もともとギリシャ語に存在していなかった言葉だったようです。生け贄の内臓をあらわす「スプランクナ」という語からできたと言われています。なぜ、わざわざ造語をしてまで「内臓が動く（共感）」ということを表現したかったのでしょうか。

「スプランクニゾマイ」という語は、じつはヘブライ語由来の言葉です。ヘブライ語の「憐れみ」は「ラハミイム（רַחֲמִים）」と言います。これは「子宮」という語と同源の言葉です。

この語が使われる例としてソロモン王の話を見てみましょう。

二人の遊女が一人の子どもを連れてソロモン王の前に現れます。お互いに、この子は自分の子どもだと主張して、なかなか決着がつきません。そのときに王は「剣を持ってくるように」と命じます。

王は命じた。「生きている子を二つに裂き、一人に半分を、もう一人に他の半分を与えよ」

生きている子の母親は、その子を哀れに思うあまり、「王様、お願いです。この子を生かしたままこの人にあげてください。この子を絶対に殺さないでください」と言った。しかし、もう一人の女は、「この子をわたしのものにも、この人のものにもしないで、裂いて分けてください」と言った。

王はそれに答えて宣言した。「この子を生かしたまま、さきの女に与えよ。この子を殺してはならない。その女がこの子の母である」（『旧約聖書』「列王記上」3・24〜27）

母親の「その子を哀れに思うあまり」というときに、「子宮が動く」という表現のラハミイムが使われます。かつて、自分の子宮の中にいた我が子に対する気持ちに「子宮が動く」というのは、とてもよくわかります（ちなみに、憐れみに子宮を使う伝統は、ヘブライ語以前の言語であるシュメール語でも同じで、そちらでも「アルフシュ(arhuš)」という子宮を意味する言葉が使われます）。

男であるイエスには子宮がないのでラハミイムは使えません。ですから子宮の代わりに内臓（スプランクナ）を使って造語したのでしょう。

ソロモン王の前にいた遊女の子宮が動いたのは我が子に対してです。これはわかります。ところがイエスは、我が子ではない他人に対して内臓が動きました。我が子という身内に限定せずに、赤の他人にまでそれほどに深い共感をする。それがイエスであり、そしてそれこそが、キリスト教が世界宗教たり得た理由の一つでしょう。

イエスの「スプランクニゾマイ」に近い日本語を探せば「あはれ」になります。

「あはれ」というのは「ああ（あは）」という、内臓からの深いため息がもとになっている言葉です。まさに内臓の動き、「スプランクニゾマイ」です。

本居宣長は「もののあはれ」と言いました（この言葉自体は本居宣長のオリジナルではなく、江戸時代によく使われていた語のようです）。

古語の「もの」は物体や物質ではありません。「もの思い」や「ものの怪《け》」という言葉があるように、抽象的な存在を「もの」と言いました。古代語では魂や霊、そして鬼も「もの」と表現しました。

なにかを見たとき、接したときに、言葉にできない思いが湧き出てきて、思わず「ああ」と深いため息が出る。それが「あはれ」です。その共感は人間だけではなく木や花にも感じる。それが「もののあはれ」です。

日本人は「山川草木悉皆成仏《さんせんそうもくしっかいじょうぶつ》」と言い、山や川や草も全部成仏すると考えました。『旧約聖書』で描かれる我が子に対する母の憐れみをイエスはすべての人に敷衍《ふえん》しましたが、日本人はそれを自然にも敷衍したわけです。

観音様は三流の仏様

人間が生物として優れていることの一つに、他人の子どもも育てるということがあるそうです。親が子どもを育てなければいけない社会では、親が死ぬと子どもは生きていけなくなります。人がそうだったら、人類はこれほどまでに繁栄しなかったのではないかというのです。

日本には夜這《よば》いの風習があるところがたくさんありました（『夜這いの民俗学・夜這いの性愛論』赤松啓介）が、夜這いが普通の地域では、夜這いで子どもが生まれたら、その子は共同体によって育てられます。

戦後、核家族化したことによって「我が子だけが大事」となってしまいました。これは日本全体、あるいは世界全体の社会問題になっています。

我が子をかわいいと思うのは本能として当然です。しかし、本能を超えるのが人間です。人間は理性の動物であり、知性の動物であり、「憐れみ」のような内臓感覚を持つ動物です。我が子でなくても、この感覚を持つ。それが人間が人間たるゆえんであり、優れている点です。

それは仏教でいえば「慈悲」です。

慈悲の「慈」は「人々に楽を与えたいという心」であり、「悲」は「人々の苦を抜きたいと願う心」です。「抜苦与楽《ばっくよらく》」です。

「抜苦与楽」といえば、その代表が観音様です。観音様について書かれた『法華経』の「観《かん》世音菩薩普門品《ぜおんぼさつふもんぼん》」では、観音様はまず人々が出会うさまざまな苦を抜いてくれる菩薩として描かれます（抜苦）。そして、次に人々の願いをかなえてくれる菩薩として描かれます（与楽）。

観音様はよく母親の姿として描かれますが、我が子だけではなく、すべての人の慈母として出現します。少し前の日本では観音様は特別の仏様でした。各地の巡礼をはじめ、観音の霊場巡りが日本中にあります。

それほど親しまれていたのも、イエスの共感を仏教で体現するのが観音様だったからでしょう。隠れキリシタンの人たちは観音像をマリア様として拝したといいます。

じつは観音様は母親の慈悲の姿として私たちの前に現れるだけではありません。時には怖い顔をした姿でも現れます。あるいはかわいらしい童子の姿でも現れる。三十三の姿に変身して現れます。

観音様は三十三のサブパーソナリティを持つ、まさに三流の仏様です。だから、優しいし、慈悲がある。観音様のような慈悲を日本人が取り戻したら、もっと優しい社会になるでしょうね。

第三章

『鶉衣』に学ぶ三流

おけら爺さん

さてそろそろ、自分も三流がいい、と思えてきたでしょうか？　いやいや、あなたの事例だけで本当にそれでいいのか、と不安になった？　それもごもっとも。けれど「はじめに」でも触れたように、昔の賢人・君子たちにとって、三流こそが理想の生き方でした。

そこで、本章から第八章では、古典を読みながら三流のすすめについて考えてみたいと思います。本章では、江戸時代の俳文『鶉衣《うずらごろも》』を読んでいきましょう。『鶉衣』の著者は江戸時代の俳諧師である横井也有《やゆう》（一七〇二―一七八三）という人です。

所属する階級は武士です。武芸にすぐれ、儒学にも精通していましたが、若い頃から俳諧に親しみ、俳文をよくしていました。この横井也有自身が「三流」を体現した人です。

俳文というのは、俳諧のようなユーモアのある文章をいいます。俳諧の「俳」も「諧」も、もともとユーモアという意味です。「俳」は二人でするユーモア、「諧」はみんなでするユーモアで、人生をユーモアと和で読み直してみようというのが俳諧の考え方です。

也有の『鶉衣』の中から「螻翁伝《ろうおうでん》」を紹介しましょう。

「螻」というのは「おけら」のことです。横井也有は自分のことを「おけら爺さん（螻翁）」と名前をつけて文章を書いています。まずは原文を紹介します。

「螻翁伝」

螻《けら》といふ虫は、
よく飛べども家を過ぐる事あたはず、
よくのぼれども木を窮《きは》むる事あたはず、
よくおよげども谷を渡る事あたはず、
よく穴ほれども掩《おほ》ふ事あたはず、
よく走れども人を免るる事あたはず。
是《これ》をかれが五能ありて一ッをもなさずとはいへりとぞ。
ここに翁《おきな》あり、
詩つくれども詩ならず、
歌よめども歌に似ず、

物かけどもよからず、
絵かけどもつたなく、
俳諧すれども下手なり。

我かの虫におとらめやとて、みづから蝼翁《ろうおう》とぞ名のりける。
やや老いにたり、
今はかかる身のほどをしりて、
他にほめられむ事をねがはず、
人の謗《そしり》をいとはず。
さらば何にかも腹たてて、かのつぐみといふ鳥にはよろこばるべき。
よしただかれは腹たつべくとも、我は笑はむと思へるなりけり。

一つも究めないおけら

では「おけら爺さん」の話、最初から読んでみましょう。

螻といふ虫は、よく飛べども家を過ぐる事あたはず、よくのぼれども木を窮むる事あたはず、よくおよげども谷を渡る事あたはず、よく穴ほれども掩ふ事あたはず、よく走れども人を免るる事あたはず。

「よく飛ぶ」「よくのぼる」の「よく」は英語のcanです。

おけらという虫は飛ぶことはできる。しかし、屋根より上に飛ぶことはできない。木にのぼることはできる。けれども、てっぺんまではのぼれない。泳ぐことはできる。でも谷を渡るほどは泳げない。穴を掘ることはできる。けれども、そんなにいっぱい掘れないから、穴の中に自分が隠れることはできない。走ることはできる。でも、そんなに速くは走れないから人に見つかると潰されちゃう。

こんなふうにいろいろできるけれども、みんなたいしたことがない。

是をかれが五能ありて一ッをもなさずとはいへりとぞ。

おけらはこのように五つの能力はある。でも、一つも究めていないぞと言われている、というわけですね。

これは昔の中国の故事の話です。「螻蛄《ろうこ》の才」と言います。螻も蛄もおけらのことです。昔の中国では器用貧乏のことを螻蛄の才と言いました。むろん、バカにした言葉です。日本もおけらというとたいしたことがない存在だと扱われていました。『手のひらを太陽に』という歌で「ミミズだって　オケラだって　アメンボだって」と歌いますでしょ。ミミズの次くらいの存在だと思われている虫がおけらです。

ほめられようとしないのが失敗しないコツ

さて、そんなおけらが自分にそっくりだと横井也有は言います。

ここに翁あり、詩つくれども詩ならず、歌よめども歌に似ず、物かけどもよからず、絵かけどももつたなく、俳諧すれども下手なり。

「ここに翁あり」と書いていますが、これは自分のことですね。詩も作るし、歌も詠むし、文章も書くし、絵も描くし、俳諧もする。でも、すべて下手くそだと言います。

江戸時代から言われていたのですね。「お前はなにをやっても中途半端だ」って。勇気が湧きます。でも、これだけのことをできるのって、それはそれですごいでしょ。五つの能力があるけれども一つも究めていないと言ってるけれど、飛べるし、木に登れるし、泳げるし、穴を掘れるし、走れる。也有だって詩（漢詩）も作れるし、和歌も詠めるし、文章も書けるし、絵も描けるし、俳諧だってできる。

それはそれでいいですよね。

むろん、一つのことの専門家になるのもすごいけれども、これだけのことができるのもすごい。そして横井也有の文章は、今でも読まれているわけですから。

我かの虫におとらめやとて、みづから螻翁とぞ名のりける。やや老いにたり、今はかかる身のほどをしりて、他にほめられむ事をねがはず、人の謗をいとはず。

自分はおけらにも劣っているので、「おけら爺さん（螻翁）」と名のっている。しかも、自分は年もとった。だから自分の身のほどを知って、人からほめられるなんて願わないようにしよう。人からそしられても気にしないようにしよう。

「ほめられようとしない」ことと**「そしられても気にしない」**。この境地はいいですね。

三流人をめざす人にとっては肝要なところです。

まずは、ほめられようとすることはやめる。

人は、ほめられようとすると無理をします。自分の背丈以上のことをしようとする。そうするとだいたい失敗します。「ほめて育てる」ということがよく言われていますが、そういうふうに育てられると、ほめられないとやる気をなくしたりもします。

これは子どもだけではありません。リタイアした男性が、地域の活動やデイケアなどで浮いてしまうことが大きな問題になっています。リタイアする前はある程度の地位についていて、会社の中ではほめられたり、おだてられたりする機会が多かったのでしょう。会社をやめたあとでもそれを期待してしまう。そうするとこういう人になってしまいます。

ですから、ある年齢になったら「もう自分はほめられることは望まないようにしよう」と決める。かりにほめる人がいても「本心は違うんだ」と思うようにする。

横井也有もそう決めたのですね。偉い。

なにか言われても気にしない方法

そしてもう一つはそしり。非難、批判ですね。陰で自分のことをあれこれ言われているのを聞くのはいやなものです。まして目の前であれこれ言われるのはもっといやです。

しかし、人は他人をそしるもの。自分だってしているでしょ。そして、そしりはだいたい羨望の裏返しです。すべての人から好かれる人なんていない。少なくとも人類の半分からは嫌われてもいい。そのくらいのつもりで生きていると気が楽です。ちなみに人類はおよそ七八億人なので三九億人からは嫌われてもいい、というつもりで生きる。それが難しかったら日本人一億二〇〇〇万人の半分、**六〇〇〇万人からは嫌われてもいいや、**という目で周りを見てみる。

最初は難しいかもしれませんが、これを習慣にすると、それが身について、そしりがだいぶ気にならなくなります。

今はSNSはあるわ、レビューはあるわで、そしりを目にする機会、耳にする機会は以前よりずっと多くなっています。それに対する自衛も大事です。第一章にも書きましたが、私は自分の本のレビューは絶対読みません。公開しているメール・アドレス宛に送られてくるメールは人の目を通し、スクリーニングしてから読むようにしています。なにかを上演してもアンケートは取らないし、ツイッターも自分がフォローしている人以外のリプは読まないようにしています。

中学生の頃までは生きづらかった人が、高校生になると急に生きやすくなるということがあります。とくに公立ではそれがよくあります。高校になると学区が広がり、同じ志向の人が集まるようになるからです。あるいは高校でも生きにくかったのに大学に行ったら楽になったという人もいますし、大人になったら楽になったという人もいます。それは世界がどんどん広がるからです。

むろん、大人になっても大変という人もいますが、そういう人は一度立ち止まって自分の人間関係を見直してみるといいでしょう。自分は必要以上にそしりを気にしているのではないか。みんなに好かれようと思っていないか。

「自分のことを嫌う人は、自分もその人を嫌う」くらいのつもりで生きていると楽になります。そしりを受けることをいやがると、自然に身を守るようになります。そうすると小さなことしかできなくなります。

前にも書きましたが、『易経』に「他人からなにかごちゃごちゃ言われる（小しく言わるることあり)」というのがあります。もちろん凶ですね。しかし、そのあとには必ず「最終的には吉になる(終には吉)」とあります。『易経』では、他人からそしられたら、心の中で「終には吉」とつぶやくことを教えています。ぜひ、やってみてください。

怒りや苦しみをネタにする

だまされて遊女として吉原《よしわら》に売られた悲惨な生活を書いた『吉原花魁日記 光明に芽ぐむ日』(森光子)という本があります。タイトルの通り、花魁《おいらん》の日記です。「なにもしなくてもいいから」という周旋《しゅうせん》人の言葉にだまされて吉原に売られてきた主人公は、毎夜毎夜泣いて暮らします。どうしていいかわからず、死のうとすら思います。

が、ある日、この日々を日記に書くことによっていつか復讐《ふくしゅう》しようと決めるのです。すごいですね。死にたいほどの苦しみの中で、この状況をなんとかしようという戦略を思いつく。

心の中で「終には吉」とつぶやくと同時に、著者、森光子さんにならって、この「終には」を作るためにはどうしたらいいかということを戦略的に考えるといいでしょう。日記を書くというのは、かなり効果的です。

私も若い頃は、いろいろ言われました。むろん、今でもいろいろ言われていると思うのですが、当時はそれが聞こえるように言われました。たとえば二十代の教員をしている頃に「今考えていることを書いて本にする」と周囲の先生方に言っていたのですが、「あいつはあんなことを言っているが、できるわけがない。詐欺師《さぎし》だ」なんて（聞こえるように）陰で言われていました。

また、ある日、「能楽師がロルフィングなんかやっていていいのか。能楽師をやめさせるか、ロルフィングをやめさせるか指導しろ」という電話が能楽協会にあったらしく、それを伝えられたことがありました。

こういうことを日記に書いたり、詳細にメモしておいたりして、あとでネタにする。今なら、あとで参照できるようにツイッターに投稿しておくというのもいいでしょう。怒りや苦しみを自分の中に溜めずに外在化させてしまうのです。

また、ふだんの心構えとしては「まあ、そしられたらそしられたでいいや」と思うこと。これも自分に言い聞かせているうちに身についてきます。

『イナンナの冥界下り』を上演するグループ（ノボルーザ）のキーボード奏者、ヲノサトルさんは、明和電機のキーボード奏者（かつ経理）であり、多摩美術大学の教授でもあります。このヲノさんがいるおかげで私たちのグループは何度助けられたかわかりません。

私も含めてメンバーがいい加減なので、よく窮地に陥ります。するとヲノさんが必ず言います。

「おもしろくなってきたぜ」

みんな「おもしろくなってきたぜ」を唱和して、ケラケラ笑うと、なぜか窮地のほうからいなくなることが多いのです。

腹を立てるなら笑っちゃおう

それでは、最後の文章を読みましょう。

さらば何にかも腹たてて、かのつぐみといふ鳥にはよろこばるべき。よしただかれは腹たつべくとも、我は笑はむと思へるなりけり。

つぐみという鳥はおけらを捕まえます。捕まったおけらは、つぐみに食べられてしまうので腹を立てる。ところがつぐみはそれを見て笑っている。

腹を立てることは無駄、だから自分は笑っちゃおうと也有は言います。

自分のことを笑うような奴は、こちらが「いやだいやだ」といやがるほど喜びます。ツイッターの変なレスに対して反応すればするほど燃え上がる。だからそういう反応はしない。むしろ笑ってしまう。

日本最初の歴史書である『古事記』に天岩戸神話があります。スサノオノミコトの暴虐《ぼうぎやく》に対して天照大御神《あまてらすおおみかみ》が天岩戸に閉じこもります。その岩戸の前で、アメノウズメノミコトが舞を舞います。その舞を見て、神々は笑うのです。

柳田國男は、「わらう」は「割る」が語源だと言います。天照大御神が天の岩戸に閉じこもって、もうどうしようもない閉塞状態。これを打破するのは笑うこと、すなわち「割る」ことです。笑うことによってこの閉塞を打ち割る。

また、『古事記』では「わらう」には「咲」という漢字をあてています。「さく」も「裂く」です。つぼみを裂いて花が咲き出ます。閉塞状態を裂き破る。それが笑いです。

腹を立てる状況では笑っちゃおう、というのが横井也有です。

この「おけら爺さん」。ぜひ、座右において日々、読んでみてください。

第四章

三流の聖典『論語』

孔子は三流人の代表

日本の古典の次は、古来我が国でももっとも重視されてきた古典の一つである『論語』です。

『論語』が三流だなんて言うと怒る人もいると思うのですが、じつは孔子こそ三流人の代表です。そのことについてはおいおいお話ししていくこととして、まずは書誌情報から。

『論語』は、紀元前五〇〇年ぐらいに活躍した孔子や、その弟子たちの言行を記した古典です。聖書や仏典とも並び称され、『論語』も聖典と言われています。

ただ、イエスや、その弟子たちの言行録である『新約聖書』は、もっとも古いと言われている「マルコによる福音書」が書かれたのがイエス没後数十年以内とされているのに対して、『論語』が文字化されたのは孔子の没後およそ四百年経ってからです。その間は口承で伝わってきました（おそらく）。その間になにがあったかはいろいろ想像してしまうのですが、それは『すごい論語』に書きましたので詳細は略します。むろん、必要なところは書いていきます。

君子は一つの専門家に留まってはいけない

さて、それでは『論語』をひもといていきましょう。最初に紹介したいのはこの章句です。


子の曰わく、君子は器《うつわ》ならず。

（子曰、君子不器、）


意味は「君子は器ではない」。そのままですね。

「器」というのは、一つの用途に限定されて使われます。孔子の時代の器というのは青銅器や土器でしょう。今の時代の器で言えば、たとえばワイングラスにはウイスキーは入れない。ティーカップにはコーヒーは入れない。お抹茶の茶碗にはご飯は盛らない。

器というのは、そのものそのものに特化した用途がある。しかし、君子はそうなってはいけないというのが孔子の主張です。君子は一つの専門家に留まってはいけない。岩波文庫の『論語』では金谷治氏は「その働きは限定されなくて広く自由である」と訳します。まさに三流のすすめですね。

そして、孔子自身が器ではない人、いろいろなことをする自由な人でした。そして、それは彼が貧しかったからでした。

孔子は言います（以下、前述の金谷治氏の訳および筆者の訳を併用しています）。

わたしは若いときには身分が低かった、だからつまらないことがいろいろできるのだ。

（吾れ少《わか》くして賤《いや》し。故に鄙事《ひじ》に多能なり。）

この言葉の前後の文章も見ておきましょう。

まず、太宰（一八〇頁の伯嚭《はくひ》という説があります）が、孔子の弟子である子貢にこう言いました。

「孔子は聖人だろうか。それにしては多能（多くのことができ）すぎるのではないか」と。

太宰の中には、聖人というのは一生かけて一つのことを究めていく人だという思いがあったのでしょう。いくつものことができる奴が、まさか聖人であるはずがないだろう、という揶揄《やゆ》を込めて子貢に言いました。それに対して子貢はこう答えます。

もちろん天の許したもうた大聖であられるし、そのうえに多くのことがおできになるのです。

（固《もと》より天縦《てんしょう》の将聖《しょうせい》にして、又た多能なり。）

その話をあとで聞いた孔子が次のように言うのです。

太宰はわたくしのことを知る人だね。わたしは若いときには身分が低かった、だからつまらないことがいろいろできるのだ。君子はいろいろするものだろうか。いろいろとはしないものだ。（もちろん聖人などとは当たらない。）

（太宰、我れを知れる者か。吾れ少《わか》くして賤《いや》し。故に鄙事《ひじ》に多能なり。君子、多ならんや。多ならざるなり。）

孔子憧れの周公旦も多能だった

孔子は、多能な人は聖人ではないような言い方をしています。しかしそれが謙遜であることは明らかです。なぜなら、孔子が夢に見るほどあこがれた周公旦《しゅうこうたん》（紀元前十一世紀頃）も多能の人だったからです。

周公旦は、周王朝を創設した武王の弟で、孔子からすると約五百年前の人物です。孔子学団がもっとも重視した「礼楽」のもとを作ったとされる人物です。その封国は孔子の生まれた魯《ろ》です。それもあって孔子は周公旦を理想の聖人として尊敬し、いつも周公旦を夢に見ていました。周公旦のことを夢に見なくなったときには、「ああ、自分は衰えた」と慨嘆したほどです。

その周公旦は、自分のことを「多芸多才」と言っています。

これは、五経の一つである『尚書』の「金縢《きんとう》」に載るエピソードです。

周王朝を建国して間もない時期にカリスマ王である武王は死の病に倒れてしまいます。そのときに周公旦は祖先の霊に向かって祝詞《のりと》を読みます。その祝詞に言います。

私は多芸であり、多才である。だから鬼（先祖の霊）や神に仕えることができる。自分の兄もすごいけれども、自分ほど多才多芸ではないから鬼神に仕えることができない。いま兄を死者の世界に連れていってもたいして役に立たないから、兄の代わりに自分を連れていってくれ。

自分を生け贄として捧げるので、兄、武王の病を治してほしいと願う祝詞です。これによって武王の病は一時回復するのです。

多芸多才は鬼神に仕えることのできる能力です。孔子は、聖人が多能であるはずはないと言いましたが、この「金縢」をベースに考えれば、孔子のあの言葉は「多能であるからこそ聖人なのだ」という自負にも読めます。

不惑とは制限を取り払うこと

周公旦も多芸多才、彼に憧れた孔子も多能の人でした。一つのことにこだわらないようにしようというのが孔子です。まさに三流です。では、周公旦や孔子のような三流の人になるにはどうしたらいいのでしょうか。

それが有名な「不惑」です。これは次の章句の一節です。

子の曰わく、吾れ十有《ゆう》五にして学に志《こころざ》す。三十にして立つ。四十にして惑《まど》わず。五十にして天命《てんめい》を知る。六十にして耳順《みみした》がう。七十にして心の欲する所に従って、矩《のり》を踰《こ》えず。

「不惑」は孔子四十歳のときの境地です。これに関しては『すごい論語』にも書きましたし、ほかの本でも書いていますので、もう知ってるよという方もいらっしゃると思いますが、未読の方もいらっしゃると思いますので、ここでも書いておきますね。もういいやという方はここからは少し飛ばしてお読みください。

先ほども書きましたが、孔子が活躍した時代から『論語』が書かれた時代までには数百年の間があります。その間に孔子が言ったことが変わってしまったのではないかということを『身体感覚で「論語」を読みなおす。』に書きました。

そこで、『論語』を孔子以前の時代の文字に直してみたのですが、そうすると不惑の「惑」という漢字が孔子の時代にはありませんでした。「じゃあ、なんだったのか」と考えると、「惑」から「心」をとった「或」は孔子の時代にはありました。なら、それではないかと思って古代音を調べると、「或」と「惑」とは古代音もかなり似ています。

ならば孔子は「不惑」ではなく「不或」と言ったのではないか、そう考えました。

では「或」とはなんなのか。

この字は、「戈《ほこ》」=武器と、「口」=城郭、そして「一」=境界から成る文字です。昔の漢字では「一」は「口(城郭)」の上と下についています。「或」という字は戈で区切るというのがもとの意味です。「或」に「土」をつけると地域の「域」になりますし、「口」で囲むと「國」=「国」となります。ともに区切られた地域を意味します。

もし、「不惑」=「不或」だったら、これは「惑わず」ではなくて「区切らず」と読むのがいいのではないのでしょうか。

すなわち、孔子は「四十にして惑わず」と言ったのではなくて、「四十にして区切らず」と言った。四十歳くらいになると、人は自分を区切りがちになる。「自分はこんな人間だから」とか、「自分ができるのはここまでだから」とか、あるいは「これは自分の専門じゃないから」などと限定しがちになる。それをしちゃいけないというのが「四十にして区切らず（不或）」です。

四十歳といっても孔子の時代の年齢ですから、今の寿命の感覚で言うと五十歳から六十歳くらいでしょうか。そういう年齢になったら、意識して自分の制限を外し、むしろ「今からいろんなことをやっていく」と決めようと提案しています。それによって人は、さらに一段、自由になります。

聖人と言われた孔子ですら、この年代になると、どうも自分を限定しがちだと思うようになってしまいました。ましてや凡夫の私たちです。五十歳、六十歳といえば、たとえば企業に勤めている方はそこそこの地位についていらっしゃる方が多い。あるいはなにか一つのことをされている人は、そろそろ一流と呼ばれ始めます。そのときに「もう自分はこれだけでいいや」と思いがちになる。しかし、そのときこそ自分の殻《から》を破っていろんなことをしようというのが孔子の提案です。

持って生まれた刻印が天命

不惑を実践した人だけが次に獲得するもの、それが「五十にして天命を知る」の「天命」です。この「天命」という言葉は、もともとは王朝を継承するための「命」で、王だけが使うことができたものでした。それを一般人にも使った孔子は革命的な思想の持ち主でした。

天命とはなにかを考えるために、四書の一つである『中庸』の第一章の冒頭を見てみましょう。

天の命ずるをこれ性と謂《い》う
（天命之謂性）

「天の命ずる」と読み習わされていますが、原文では「天命」です。『中庸』では天命が性、すなわちその人の性格だと言います。

孔子は「五十にして天命を知る」と言いました。人は五十歳ではじめて自分の性を知ることができる、と。よく「自分はこんな性格だから」と言う人がいますが、孔子ですらそれを知ったのは五十歳です。しかも、当時の五十歳は今で言えば六十歳から七十歳くらい。そんな年齢になってはじめて、自分がどんな人間であるかがわかるのです。

しかも、それは「不或（不惑）」で自分の可能性をとことん広げた人だけです。

さて、では「不或（不惑）」のあとにくる天命とはなんなのでしょうか。

結論を言えば、天命とは、その人が持って生まれた刻印です。

今の「天命」の使われ方は、英語のミッションと混同されていて、天から降りてくる神の命《めい》というイメージがありますが、もとの意味は違います。

「天命」の初出は、おそらく紀元前一〇〇〇年くらいの『大盂鼎《だいうてい》』という金文の銘文です。そこには「天有大令（命）」という形で出てきます。すなわち「天命」とは「天が持っている大きな命」ということです。

では「天」や「命」とはなにか。

「天」という文字は「大」、すなわち両手を広げて立っている人の姿の頭部を強調した形で、もともとは「頭」を意味しました。幼児語で頭のことを「てんてん」と言いますし、脳天という言い方もあります。

殷《いん》の時代は、一番偉い神様は「帝」、あるいは「上帝」と呼ばれていました。それが周になると「天」に変わります。上帝が天に変わるということはどういうことだったのでしょうか。

「帝」の甲骨文字を見ると、大きな生け贄台の形であらわされています。『論語』に現れる「禘」が上帝の祭祀ではないかと思うのですが、すでに孔子の時代でもその細目はよくわからなくなっていたようです。中国学者の赤塚忠氏は『中国古代の宗教と文化』で殷の時代の上帝祭祀を再現しました。それによると、上帝の祭祀で使われる生け贄は、人間が中心だったのです。人の生け贄を必要とする超越者、それが「帝」でした。

それが「天（自分自身の中の超越者）」になることによって、祭祀に生け贄が不要になりました。

殷を倒してできた周は、生け贄を廃止しました。その経緯を書いたのが『尚書』の「金縢」編です（歴史的な事実から言えば、生け贄を廃止した一番の功績者は、あの悪名高い殷の紂王《ちゆうおう》だったようです。紂王時代の甲骨文から、人の生け贄に対する記述が急激に減ります。そして、「天」という文字の使用も紂王の時代から始まったようです。それまで使われていた「大邑商《だいゆうしよう》」という言葉が「天邑商」に変わりました）。

「天」という文字が人の頭部だとすると、超越者が帝から天に変わったということは、上空にいた超越者（神）が自分の中に入ってきたということです。『ブラザーサン・シスタームーン』という映画がありましたが、その主題歌に「私は神の創造物。そして、私は彼の一部（I am God's creature, of Him I am part）」という歌詞があります。「天」は神が私に入り、そしてこちらは私が神に入ると方向性は逆ですが、しかし神も人も同一体ということでは似ています。

むろん、人はそのような状態には耐えられず、せっかく体内に入ってきた天をまた手離して、今のような意味に変化してきますが、本来は自分の頭部、すなわち自分自身を意味しました。ですから金文にある「天有大命」というのは、もともと自分自身が持っている大きな命《めい》ということです。

では、「命」とはなんなのか。これは跪《ひざまず》いている人（）を、なにか大きなものが覆っているという形の文字です。跪いている人が、大いなるものに覆われている状態、それが「命」です。

この覆いの代わりに、大きな手を付けた文字があります。これは「印」という字です。「命」も「印」も同じような意味、すなわち大いなる刻印ではないかと思います。

ですから、「天有大命」というのは自分自身（天）がもともと持って生まれた大いなる刻印という意味ではないでしょうか。

人は大いなる刻印を持って生まれてきますが、多くの人はそれを成長とともに隠してしまいます。たとえば子どもの頃に「大きくなったらなにになりたい」と聞かれます。すると、お菓子屋さんになりたいとか、おもちゃ屋さんになりたいとか答えます。しかし、これは自分が知っている中の手近なオプションからの答えです。

これは子どもにかぎりません。高校生、大学生になって「どんな仕事をしたいか」と聞かれたときも、今存在している仕事の中から自分が興味がありそうなものを答える人がほとんどです。私の高校時代、一九七〇年代初頭に「CGデザイナーになりたい」とか「プログラマーになりたい」とかいう人はほとんどいませんでした。

与えられたオプション内で答えるというものに、さらに親や先生などの周囲の意見が加わります。とくに親は我が子に苦労をさせたくないために、こんなことをやったほうがいいよなどと言ってしまいます。本当は文学が好きなのに、文学なんかじゃ生活できないと言われたり、あるいは偶然、数学ができたりすると理系に行ったほうがいいよとか、せっかくなので医学部に行って医者になったほうがいいとか、そのほうが将来に楽ができるとか、もうかるとか、そういうことのために天命が隠されてしまうのです。周囲の人は善意でアドバイスをしてくれるのですが、これが天命を隠すことにもなります。

そして、ある程度の年齢になったときに「今やっていることは本当に自分がしたいことなのか」と疑問に思って書店に行って見まわしてみる。すると自分は料理人になりたかったのではなかったかと気づいたりするかもしれない。そして、料理をしてみるとうまくいくし、みんなからもすばらしいと言われる。なによりすごく気持ちがいい。

今までの仕事をやめてしまって、そこから新しいキャリアが始まるかもしれない。それが天命を知ったということなのかもしれません。

しかし、孔子ですら五十まで待たなければならなかったのですから、私たちはあせる必要はまったくないと思うのです。

心についたゴミを掃く

天命を知るための具体的な方法は、『中庸』のところでお話ししますが、その前に四書の一つである『孟子』の中の「尽心」を紹介することにしましょう。

孟子は「其の心を尽す者は、其の性を知るなり」と言っています。『中庸』では天命が性だと言っていますので、これは「その心を尽くすと天命を知る」と読んでもいいでしょう。

ちなみにこのあとには「其の性を知れば、則《すなわ》ち天を知る」と続きます。

では、「その心を尽くす」とはどのようなことでしょうか。

吉田松陰（一八三〇－一八五九）はそれについて、「十五貫目の物を持てる人は十五貫目を持ちなさい。二十貫目の物を持てる人は二十貫目を持ちなさい」と言いました（「講孟劄記」）。全力を尽くすということですが、もう一つ大事なことは、人には人それぞれ力の差があるということです。みんな一律にこれだけのことをせよ！　というのとは違います。その人にとっての一生懸命、それが一生懸命なのです。あるいは一生懸命にできない、という人がいたら、それもその人の一生懸命。それはそれでいいのです。

また「尽（盡）くす」という言葉を文字の形から見てみましょう。

この字は「刷毛《はけ》」と、それを持つ「手」、そして「皿」から成っています。これは刷毛でお皿の上を払っている形です。

私たちは「天有大命」として大いなる命を持って生まれてきました。ところがこの上に「お前は勉強できるから何々したほうがいい」とか「そうすると苦労するからこっちにしたほうがいいよ」とかさまざまなゴミが乗ります。そのゴミを掃《は》いていく作業が盡心《じんしん》（尽心）です。

そして、そのための具体的な方法が書かれているのが『中庸』です。

第五章

『中庸』は三流の実践書

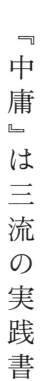

超自然力「誠」

では、『中庸』から、自分の天命を見つける具体的な方法を読んでいきましょう。

先ほど『中庸』の冒頭の章句、「天の命ずる（天命）をこれ性と謂う」という文章を紹介しました。私たちの性格（性）というのは天命です。そして、天命は不惑を実践したあとでなければ見つけることができないので、「自分の性格はこうだから」なんて簡単には言わないほうがいいですね。

そして、この「不惑」を実現する具体的方法が『中庸』の後半に書いてあります。

キーワードは「誠《まこと》」です。

「なんだ誠か」と思わないでください。**誠は超スーパー・パワーを持った徳目**なのです。それに注目した一人が『武士道』を書いた新渡戸稲造《にとべいなぞう》（一八六二―一九三三）です。『中庸』を読む前にまず新渡戸稲造の誠についての文を読んでみましょう。

――孔子は、「中庸」に於いて誠を尊び、これに超自然力を賦与し、ほとんど神と同視し――

た。曰く「誠は、あらゆるものの終始なり。誠ならざれば何もなし」と。彼は更に、誠の濃厚にして悠久たる性質を熟考し、その力が、意識的に動かすことなく変化を生み出し、無為にして目的を達成することにつき滔々と述べている。中国語の「誠」と云う漢字は、「言」と「成」との結合である。人をして新プラトン学派のロゴス説との類似を思わしむるものがある。かかる高さにまで、孔子はその非凡なる神秘的飛翔をもって達したのであった。

（『武士道』）

すごいでしょ。

「超自然力」「ほとんど神と同視」「意識的に動かすことなく変化を生み出し」「無為にして目的を達成する」。

そんなすごいパワーを持った「誠」ですから、時代が大きく変化するときには再評価され、動員されます。日本では幕末から明治維新の時期。この時期は誠が再評価された時期です。新選組は「誠」を旗印にしました。吉田松陰も誠の重要性を述べました。

そして学校の校庭に銅像が立っている二宮金次郎（尊徳、一七八七―一八五六）もそうです。吉田松陰については先ほど触れましたので、二宮尊徳のしたことを見ながら「誠」について考えてみたいと思います。

二宮金次郎というと、薪《まき》を背負って本を読んでいる銅像が浮かびます。勤勉な人というイメージですが、あれは明治政府が作ったイメージです。むろん、勤勉な人ですが、彼がしたことは地域活性化です。そして、その方法が「誠」でした。

彼は、疲弊した地域を活性化してほしいと頼まれると、「最低十年はください」と言います。そしてあらゆる公的補助金や助成金を止めます。しかし、実際に困っている人はいます。どうするかというと、自分のお金で助ける。地域開発を依頼されると、その土地に引っ越すのですが、そのときに自分の家や田畑を売って、そのお金を持っていき、それを困っている人に貸します。彼がお金を貸すときには「無利息」「無担保」「無期限」です。

そして、いよいよ地域活性化に乗り出すのですが、その方法は「心田開発」です。耕すのは、まずは地域の人々の心。「心の田」を開発するのです。

その開発時の基本的な考え方が「誠」です。誠は『中庸』の中に出てくる言葉ですが、孔子の時代には「誠」という文字はありません。「成」だけです。

「成」という字を見てみましょう。

ここにも「惑」のときに出てきた「戈《ほこ》」があります。「成」というのは、武器である「戈」に、呪飾をつけることによって、ただの武器から聖具に変える行為を言います。

ここにあるモノがあれば、そのモノには未来の姿があります。たとえば厚い雲が空にあれば雨が降る。そのときに冷たい空気が流れ込んでいれば雪になる。生ものがあれば腐敗するし、物体ならば数百年、数千年の後には分解されて消失する。

毛虫ならば蝶《ちょう》になったり、蛾《が》になったりする。このように「なるべきものがなるべきようになる」のが「誠(成)」です。

「誠」になるには一人ひとりの方法がある

しかし『中庸』は言います。

誠なる者は、天の道なり。これを誠にする者は、人の道なり。
（誠者、天之道也、誠之者、人之道也、）

「誠なる者」と「これを誠にする者」。漢文で書くと「誠者」「誠之者」です。「者」は「〜は」と同じような意味なので、ここは、

(A) 天の道＝誠

(B) 人の道＝これを誠にする

ということです。

『中庸』ではこのあと、この(A)と(B)との違いについて書かれています。まず(A)の「誠」は名詞、そして(B)の「これを誠にする」の誠は動詞です。これは大事です。なにもしなくてもいいのが(A)の「天の道」、なにかの行為によって誠を実現するのが(B)の「人の道」ということです。

天の道というのはなにをしなくても、そのままで誠です。すなわち「なるべきものがなるべきようになる」。放っておいても、その本来の性質を自然に完成させることができる。でも、それは天の道ですから、人間を超えています。もし、そんな人間がいたらそれは聖人です。

人間は、そのままでは「なるべきものがなるべきようになる」ことはできません。どんなにすばらしい親に育てられても、その子の天命にはゴミがついてしまいます。だから手助けが必要なのです。そのゴミを取り除きながら「なるべきものがなるべきようになる」ように手助けをする。その行為が「これを誠にする」という行為なのです。

二宮尊徳の心田開発というのは、この「これを誠にする」をしていくことです。

荒廃している地域は、そこに住んでいる人々の心が荒廃していることがあります。地域の荒廃が、心の荒廃も招いてしまうのです。しかし、今は心が荒廃していて「畑を耕すなんて面倒なことやってられないよ」という人でも、心の奥では「ちゃんとしたい」という気持ちが眠っている。それを開発するというのが心田の開発です。

それは一人ひとり違うわけですから「こうすればうまくいく」なんていうマニュアル的な方法はない。一人ひとりに会って、その人に合った方法で開発する。だからそれには十年くらいかかると尊徳は言うのです。

そのようにして尊徳は成果をあげていきます。

やる気のないのも天命

でも、ここで大事なことが一つあります。尊徳は言います。

如何なる良法仁術と云とも、村中一戸も貧者無からしむるは難しとす、如何となれば、人に勤惰《きんだ》あり強弱《きようじやく》あり、智愚あり、家に積善あり不積善あり、加之《しかのみならず》前世の宿因もあり、是を如何とも為べからず、此の如きの貧者は、只其《その》時々の不足を補ふて、覆《ふく》墜《つい》せざらしむるにあり

（二宮翁夜話　巻之二　三九）

どんなに頑張っても心田が開発できない人がいます。そういうときはどうするか。尊徳は、その人には「時々に不足を補い」、そしてその人が、あるいはその家が「困窮しないように援助する（覆墜せざらしむる）」のだと言います。

『代表的日本人』（内村鑑三）の中には、このようなエピソードが紹介されています。

村人の中になんともやる気のない男がいました。やる気がないだけでなく、尊徳の計画にはいつも猛然と盾《たて》つくような男です。そんな男ですから、家の修理などもしたことがありませんでした。

ある日、尊徳の使用人が彼の家のトイレを借りました。トイレも、ひどく腐っていたので、使用人がちょっと触れただけで壊れてしまいました。尊徳の使用人は男に謝ります。しかし、男は許さない。棒で殴りながら、逃げる使用人を追って尊徳の家までやって来ました。

そして、門前で群衆に向かって、自分の受けた「大損害」のことや、尊徳の悪口を大声でしゃべったのです。

尊徳はその男を呼ぶと、使用人の過失に対して丁重に詫び、次のように言いました。

「トイレがそんなに壊れやすいなら、住居のほうもいい状態ではないのでは」

「当たりめえよ。こちとら貧乏人だ。家を直すなんてできやしねぇよ」

「そうか。それなら大工を送って修理をさせようと思うが、いいかな」

そして、数週間のうちにその近辺でもっともすばらしい家ができた。

ちなみに『代表的日本人』には、このあと男が改心して「尊徳に対して誰よりも忠実な人間になり、そしてそのとき味わったじつに恥ずかしい思いを語るときには、いつも涙を浮かべていた」ということが書かれていますが、私はこれは蛇足だと思います。

彼がまたもとの怠《なま》け者に戻っても、それは全然問題ない。それが尊徳の考え方です。

怠け者というのも一つの天命です。グダグダ過ごすことが、自分にとっては天命、そういう人もいます。

尊徳は「前世の宿因もあり」と言います。今生においてはそこから脱《ぬ》けることは難しいかもしれない。今生においてその彼を、自分がイメージしている「正しい形」にするのは間違いなのです。

たとえば、いつもいつも遅刻する人がいるでしょう。その人にとっては遅刻をするということが天命であり、本性なのです。嘘つきも天命、物をよく失くすのも天命。

『代表的日本人』に描かれる男は、なにもしないのに二宮尊徳からすばらしい家まで建ててもらった。今だったら「ずるい」と言う人がいるでしょう。法律で補償されている生活保護に対しても文句を言う人がいるくらいですから、大騒ぎになるかもしれない。

しかし、この男がしてもらったことを見ても、人々が「ずるい」と思わない。それこそが「心田開発」です。

この男が我が子だったら「ずるい」と思わないかもしれませんね。皆がそのように思えること、そういう心の田を開発することが心田開発なのです。

誠を得るための五つの方法

近くに尊徳さんのような方がいればいいのですが、そのような人はなかなかいません。そこで『中庸』でも、この「これを誠にする」は自分でしましょうと提案します。そして、その方法も詳しく説明してくれているのです。

『中庸』は「誠者、天之道也、誠之者、人之道也、」に続けて、次のように言います。

(A)誠なる者は、勉めずして中《あ》たり、思わずして得《え》、従容《しようよう》として道に中たる、聖人なり。

(誠者、不勉而中、不思而得、従容中道、聖人也、)

(B)これを誠にする者は、善を択《えら》びて固《かた》くこれを執《と》る者なり。

（誠之者、択善而固執之者也、）

また、（A）「天の道」と（B）「人の道」を分けて説いています。『中庸』、とても親切です。

まず（A）の人は、なんの努力をしなくてもなんでもドンピシャと当たる。ものをよく考えなくてもなんでもゲットすることができる。ふらふらしていても、道にあたる。でも、これができるのは聖人だけだよ、と。まさに「天の道」ですね。

では、（B）の「人の道」はどうするか、私たち人間はどうするかというと、「善を択びて固くこれを執る者なり」とあります。「善を択ぶ」ことについてはあとで説明することにして、その具体的方法が次に示されます。

五つあります。

博《ひろ》くこれを学び（博学）、
審《つまび》らかにこれを問い（審問）、
慎しみてこれを思い（慎思）、
明らかにこれを弁《べん》じ（明弁）、

一　篤《あつ》くこれを行なう（篤行）。

この五つのことをすると「誠」になれるというのです。これ、「博学、審問、慎思《しんし》、明弁、篤行《とっこう》」と熟語で覚えておいて、ときどき復唱するといいです。

では、五つの方法論について見ていきましょう。

興味のないことをなくす：博学

五つの方法論の第一は、「博学」、博くこれを学ぶ、です。

博学というと、雑学博士のようになんでも知っている人というイメージがありますが、『中庸』でいう博学はそれとはちょっと違います。

「博学」の「博」という漢字を見てみましょう。

この字の右側は「甫」と「寸」です。「甫」は田圃《たんぼ》の「圃」という文字の中にもありますが苗木をあらわします。「寸」は手です。手で苗木を植える、という意味が「博」の中には入っています。

田んぼに一つひとつ苗木を植えるように学ぶのが博学です。一つひとつ着実に習得していく学びを言います。

では、「学」とはなにか。「学」の旧字体は「學」で、もととなった字はこう書きます。

「」は手です。「」は学校。「」はマネをするという意味。「」は子弟ですね。この字は、学校にいる子弟が教師の両手で手取り足取り教えられるさまをあらわします。「学」というのは、身体的な学びということです。頭で考えるのではなく、身体で学ぶ、それが「学」です。身体的な学びといっても、なにも運動をするというだけではありません。

私は全国で寺子屋を開いています。その参加者の方から『なめらかな社会とその敵』（鈴木健）という本を寺子屋で読みたいという話がでたことがありました。この本は私たちの常識を覆すような衝撃的な本で、とてもおもしろいのですが、四章から突然、数学の「行列」の話になります。私のような文系出身者は思わず読み飛ばしてしまいたくなります。その方もそうでしたが、読み飛ばしたくはないということで、この本を読む寺子屋を開いたのです。

講師は物理学者の江本伸悟さん。『なめらかな社会とその敵』を読むための数学の講座をしていただきました。

行列の問題をいくつも用意して講座に臨んだ江本さんは、「皆さん、手を動かして問題を解いてください」と言いました。小学生からお年寄りまで、お寺の畳の上でカリカリカリカリと手を動かして、みんなで数学の問題を解きました。これも身体的な学びです。

「博学」というのは、一つひとつ着実に、身体を使って「身につけていく」、そのような行為を言います。

この「博学」は身体の学びですから、今この本を読んでわかった気になっただけではダメです。すぐにでも実践しましょう。

実践の第一歩は書店から始めるのがおすすめです。

「不惑」のときに、意識して自分の制限を外し、いろんなことをやっていくと決めよう！
というお話をしました。

最初の目標は、書店に行って興味のない棚をなくすこと。

ワンフロアの書店から始めるといいでしょう。書店に入ったら、グルッと見まわします。「ここは絶対行かないな」というコーナーを見つけ、そのコーナーに行きます。そして、まずは手軽な、薄い本を一冊買います。

「図書館でもいいじゃないか」という方がいらっしゃると思います。もちろん、それでも結構です。しかし、もしお金に余裕があれば、夕食を一回抜いても本を買ったほうが身につきます。**身銭を切る**、ということは大切です。

さて、本を買ったらそれを身体的に実践する。数学ならば問題を解いてみる。プログラミングならば実際にプログラムを書いてみる。料理を作ってみる。釣りに行ってみる。キャンプをしてみる。運動をしてみる。

とは言っても、一冊目は理解できない可能性がある。そうしたら、もう一冊です（もう一日夕食を抜く）。三冊か四冊買う頃には、少し読めるようになっているはずです。私は難しい本を読むときには、その本のためのノートを一冊作ります。これも身体的な学びです。

このようにして、書店で興味のないコーナー、足を向けないコーナーをなくす。それが

「博学」の第一歩です。

しかし、ただ本を読んで実践するのは、あくまでもその第一歩です。読書や実践をするときには、次の「審問」以下の四つが大切です。

占いに通じる審問、慎思、明弁

博学に続く、審問、慎思、明弁の三つは占いの手順に似ています。

「なんだ占いか」と言ってバカにしないでください。古代中国の聖典である五経の筆頭は『易経』です。街角で占い師さんがジャラジャラと筮竹《ぜいちく》を操《あやつ》っているのを見たことはありますか。あれは易占《えきせん》と言って、あの元になる聖典が『易経』です。

古代中国でも、そして古代の日本でも、占いをするには三人の人が必要でした。そして、三人が別々の役割をします。それが審問、慎思、明弁です。

この三つと、占いのフェイズの関係について、簡単に見ておきましょう。

占いの最初のフェイズは問いを立てることです。これが「審問」。古代中国の殷の時代の亀甲《きっこう》占いでは、貞人《ていじん》という人がこれを行いました。

次のフェイズは、易占ならば筮竹をジャラジャラしたり、タロットならばカードをシャッフルしたりして並べること。これが「慎思」に当たります。亀甲占いでは、亀の甲羅や動物の肩甲骨に焼けた火箸を当てて、割れ目を付けるという神聖な儀式です。日本では神《かみ》懸《がか》りした巫女《みこ》がなにかを話す。

次の「明弁」は、それを読み解くという行為です。亀甲占いでは割れたヒビ、易占では筮竹が示す六十四卦、タロットカードではカードの意味。

その読み解きをする人は殷の時代は「王」でした。

では、「審問」以下を占いの手順も参考にしながら、詳しく見ていきましょう。

問うて問うて問いつくす：審問

審問とは「審らかに問う」ことです。学んだこと、あるいは学んでいることに対して「問い」というツールを使って、あらゆる方向からアプローチするというフェイズです。

「問い」の大切さは強調しても強調しても、強調しすぎることはありません。問いはそれほど大切なのです。

「問い」といっても、ただ疑問を持つということとは違います。本を読んでいて、わからないところが出てきます。その多くは自分で調べればわかることです。あるいは詳しい人に聞けばわかる。

ＡＩ（人工知能）と人間の違いの一つは、自発的な「問いを発する」ことができるかどうかだと言われています。ＡＩは問われたことを答えるのは得意です。答えが自分の中にない場合はネットワークを使い、世界中のコンピュータにアクセスして答えを見つけることができます。

それは、私たちが疑問に思ったことをネットで検索したり、辞書を引いたり、人に聞いたりするのと同じです。そしてこれは審問でいう「問い」ではありません。

では、どのようなものが「問い」なのか。

まずは易占から「問い」について見ておきましょう。易占でも最初にすることは問いを立てることとです。そして、これが占いでもっとも大切なことなのです。

今は占い師さんのところに相談に行っても、問いを立てるということに多くの時間を使いません。しかし、朱子学で有名な朱子（朱熹《しゅき》）も易占のときには、問いを立てることがもっとも重要であり、これに時間をかけるべきだと言っています。

なぜ時間をかけるのか。それは間違った問いを排除するためです。問いには正しい問いと間違った問いがあります。

たとえば「あの人は信用できる人なのか」というのは間違った問いです。そのような問いを占いの問いにしてはいけません。なぜなら、他人の心の中はわからないからです。しかし、「あの人は自分のほうを振り向いてくれるだろうか」は易占の問いとしては可能かもしれません。なぜなら、自分も関わっているからです。ただし、その場合は自分のことをじっくりと見る時間をかけてからになります。

また、「明日の試験はうまくいくだろうか」。これもダメです。これは自分の胸に聞いてみれば、おのずから答えが出てくるからです。

このように問いを出しては捨て、出しては捨てということを易占では数時間行っていきます。そのうちに問いはシェイプアップされ、本質的な問いにたどり着くことができます。日本の「とう」は「訪う」でもあります。「とう」とは、自分から能動的に行う行為です。

本を読みながら、わからないことが出てくる。辞書や本、ネットで調べられることはすぐに調べましょう。しかし、調べても調べてもわからないこと。あるいはそもそもどこにも答えのない「問い」。それはどんどん本にメモしていきましょう。

また、先生について学んでいるときにも「問い」を立てます。これもすぐに先生に聞いてはいけません。まずは自分で調べて。それでもわからないことがあったら尋ねてみるのもいいでしょう。先生が答えを持っていないこともあります。そうしたら、しめたものです。それはこれからの思考の材料になるのです。

腐った屍体の中から大切なものを探す

さて、審問の「審」の字です。

「審」には「詳しい」とか「尽くす」という意味があります。一つ残らず問う、問い尽くすという意味です。また、「審」の中の「番」は動物の掌《てのひら》と爪だと白川静氏は書いています。生け贄として用いる動物の、角や蹄《ひづめ》、毛色など一つひとつ詳しく吟味して、その中から生け贄に相応しいものを選ぶ。それが「審」です。

生け贄で思い出すのは、先ほど説明を保留していた「善を択ぶ」の「択」です。「択」は「えらぶ」と訓じられますが、「えらぶ」には「選」と「択」があって、その選び方が違います。選択肢のある選び方と選択肢のない選び方です。

「選」という文字は、二人の舞い手（己）が舞台の上にいて、そのどちらが優れているかを選ぶというのが原義です。選択肢のある選び方です。

それに対して「択」は選択肢のない選び方です。

「択（擇）」の右側の（）は、獣の屍体《したい》が風雨に暴《さら》されて、その形が崩れている形です（白川静氏の説）。腐って崩れた屍体の中から、大切なものを択び出すのが「択」です。

想像してみてください。ぐちゃぐちゃで、すごい匂いを発している動物の屍体。その中に手を突っ込んで大切なものを探す。こんな気持ちの悪い思いをして探してもなにも見つからないかもしれない。それでも探す。それが「択」です。

「審問」の「審」が生け贄をえらぶことだとすれば、その「えらぶ」は選ではなく、択であるはずです。審問の問いもそのような問いです。頭もぐちゃぐちゃ、体もヘトヘト、それでも問い続けて出した「問い」であり、**誰も答えを持っていない「問い」**です。その「問い」を問い続け、考え続けることが審問です。

精神科医のユングは『易経』というのは、経典の中にいる老賢人に尋ねることだと言いました。老賢人は、私たちの無意識の深層である元型にいます。心の深奥にある元型に至るまで問う、それが審問です。

本を読みながら、そして先生から学びながらも、これを行っていきます。

内部の不思議なところへのアクセス：慎思

審問の次は「慎思」、慎しみて思う、です。学んだものを血肉化するフェイズです。発酵のフェイズと言ってもいいでしょう。

「慎む」というと、慎み深いというふうに使われますが、「慎」の偏を金偏に変えると「鎮」になります。文鎮という言葉がありますが、「鎮」は「重い」という意味です。「慎思」というのは、静かにじっとしてそのことについて深く考えることを言います。

孔子は「学んで思わざれば則ち罔《くら》し」と言いました。「罔し」の中には「亡《なし》」があります。この字は糸偏を付けた「網」と同じで、網で獲物を取って、すべてを「ない」という状態にすることを言います。「学んで思わざれば則ち罔し」とは、学んでも「思う」という行為をしなければ、なにもなくなってしまうことを言うのです。

これは経験があると思います。本を読んで「ああ、いいことが書いてあるな」と思っても、翌日にはそのほとんどを忘れている。そして、現実の生活にはほとんど影響を与えない。それは「思う」をしなかったからです。

先にも書いたように、日本の古典では「思ひ」と「こころ」を分けることがあります。「こころ」というのは心変わりという言葉があるように変化するものです。それに対して変化しないものが「思ひ」です。

変化する「こころ」の深奥にある「思ひ」、そこに到達するのが「思う」という行為です。

占いでは「慎思」は、筮竹を操り『易経』を開くまでの行為であり、タロットカードでは、カードをシャッフルして並べる行為であり、亀卜《きぼく》や獣卜《じゅうぼく》では亀甲や獣骨にヒビを入れる行為です。香を焚《た》き、部屋を清浄にして行う聖なる行為です。さらに古代では、神懸りが「慎思」でした。

自己という卑小な存在を超克し、神界や無意識の大海に入っていく行為が「慎思」です。『14歳からの哲学』を書いた哲学者、池田晶子は、「おもう」は「不思議な感じの出てくるところ」だと言います。

儒教には仏教の坐禅にあたるものとして「静座」があります。座法など気にしなくてもいいでしょう。一日一時間でも、あるいは十分でも、静かに座って沈思黙考します。しかし、静座の思索の過程で「これはこうなんだ」という単純化をしてはいけません。複雑なものを複雑なままに受け取ることが大事です。

自己の内部の「不思議な感じの出てくるところ」にアクセスする時間を持つ。それによって「博学」が血肉化し、自分の中で発酵が進みます。

本を読んで、さまざまな問いを立てます。その問いを、深いところまで掘り下げる、それが「慎思」です。

なお、先ほど「学んで思わざれば則ち罔し」という文を紹介しました。孔子はそれに続いて「思うて学ばざれば則ち殆《あや》うし」と言っています。思うだけで学ばなければ、とても危険です。「学び」と「思う」、ともに必要です。

現実化する：明弁

「慎思」に続くのが「明弁」です。自己の内部で発酵したものを世に出すフェイズです。学習の成果をあげようと思ったら、学んだことを人に話すのがもっとも効果的です。教えるともっといい。そして、教える相手が「わからない」と言ったら、まずは自分の理解がちゃんとできているか自省する。次に、どうやったら目の前の人がわかるかを工夫する。この過程が「明弁」です。

古典芸能では入門をすると師匠の家に住み込む「内弟子」という制度があります。ある家では、内弟子に入って数年経つと素人の弟子に教えるように言われるそうなのです。自分だって、まだまだ学びの途中です。素人の弟子のほうがうまい場合もある。それでも教えさせられる。それは、その過程で**内側に向いていた学びが、外側に開かれる**からです。これも「明弁」です。

明弁の「明」とは、窓(日)から月を見ているさまをあらわします。なにかを観察するときに、ただそのものを見るよりも、フレーム(窓)を通して見たほうがよりよく見えるということがあります。それが「明」です。

そして、明弁の「弁」とは「分ける」ことです。弁の字は、旧字体では「辦」と書きます。

辦のまわりにある「辛」は、刺青をするための針の形です。刺青は罰を意味し、訴訟に関する文字だということがわかります。そして、真ん中には「刀」があります。

訴訟ではお互いが「自分が正しい」と主張します。互いの主張が絡《から》まり合い、ぐちゃぐちゃになる。それを快刀乱麻《かいとうらんま》を断つごとく、すっぱりと切り分けるのが「弁(辦)」です。

「分ける」というのは「分かる」状態にすることでもあります。ほかの人にもわかるようにすること、それも「弁」です。

占いでいえば亀甲のヒビやタロットのカードは、そのままではわかりません。それを読み解いて、誰にでもわかるようにする行為が「明弁」なのです。

易占を例に取りましょう。審問で、『易経』に問うべき問いを立てます。次の慎思は筮竹を操って『易経』を開くところまででした。ユング風にいえば『易経』の中にいる元型の老賢人が答えを出してくれました。ところが、その答えは難解なものが多いのです。たとえばこういうものがあります。

子狐が河を渡り切ろうとしているときに尻尾を濡らす
（小狐汔《ほと》んど済《わた》らんとして、其《そ》の尾を濡《ぬ》らす）

この文自体には吉も凶もありません。じつはこの文の前には「うまくいく（亨《とお》る）」という一文があり、あとには「いいことがない（利しき攸无し）」という文があります。どちらとも取れる書き方です。しかし、この「尻尾を濡らす」を「尻尾を濡らしてしまった」と訳すだけで凶に偏る文になってしまいます。そのような先入観を排除して、虚心坦懐《きょしんたんかい》に『易経』に向かう。

そして、今の状況、問いを立てた人、関わる人々、環境などをも勘案しながら、そのときにもっとも適した読みをする、それが「明弁」なのです。

現実と理想のバランスを見つける

「明弁」はふわふわしたつかみどころのないものを「現実化」することであり、「社会化」することであり、「具現化」することであり、「実現」することです。どんなにすばらしいアイディアや思想も、そのままでは活きないことがあります。大切なのは、現実や社会とのつながりです。ときには、せっかくのアイディアを切り捨てるという冷徹さも必要になります。

しかし、現実に寄りすぎるとこれまでのフェイズを台無しにしてしまうおそれもあります。『古事記』にこのような話が載っています。

第十四代天皇である仲哀《ちゆうあい》天皇の時代です。

神の声を聞くために天皇は琴を弾き、皇后である神功皇后（息長帯日売命《おきながたらしめのみこと》）は神懸りし、建内宿禰《たけうちのすくね》という大臣は沙庭《さにわ》（祭場）にいた。

皇后に憑依した神が「西の彼方の国を天皇に帰属させ授けよう」という神託を宣べた。しかし、天皇は「私は高い所に登って西方を見ても、ただ大きな海があるばかりで、国土なんか見えない」と言い、この神は偽りを言う神だとして、琴を弾くのをやめてしまった。

怒った神が「もうここはお前の統治する国ではない。一筋の道（黄泉への道）に行け」と神託をした。驚いた大臣は天皇に「そのまま琴をお弾きください」と申し上げたので、天皇はいやいや琴を弾き始めた。

するとまた琴の音が聞こえなくなった。火をつけてみると天皇はもう亡くなっていた。

天皇は、自分の宮殿が一番高いという自負があります。だからこのように言いました。どんなに高いところに上っても、海の向こうに国を見ることはできません。しかし、私たちは海の向こうには半島や大陸があることを知っています。高い建物に上っても見ることはできないが、宇宙空間からは見ることができる。

今も、私たちはこのようなことをよくしています。

「そんなの無理だよ」とか「現実的ではない」というのは、もっと高いところ（たとえば未来）から見れば全然無理でもないし、現実的な話かもしれません。とくに「そんなの誰もやったことがない」などという意見はまったく意味がありません。

しかし、理想だけではなにも実現できません。

現実と理想、そのよいバランスを見つけ、実現するのが「明弁」なのです。

あえてゆっくり全身全霊を込めて行う：篤行

「明弁」によって現実とのつながりもできた。ここまで来たら、あとは行動です。『中庸』では行動の前に篤実の篤をつけて「篤行」と言います。「篤くこれを行なう」です。

「篤」は、「誠意がある」とか「固い信念がある」という意味です。しかし、「篤」という漢字の中には馬があるように、もともとは「歩みの遅い馬」をいう言葉でした。白川静氏は、これを病気の馬だと言います。危篤という言葉があります。誠のための行動である篤行は、誠意をもって行うことはもちろんですが、「歩みの遅さ」と「病気の馬」に対するような丁寧さも大切です。

現代は効率や迅速が求められることが多い時代です。しかし、あえてゆっくりやってみる。一つひとつの行為を全身全霊を込めて行う。第一章でも紹介しましたが、それは茶道でお茶を点《た》てたり、能で謡を謡ったり、舞を舞ったりするときのような三昧の行為です。なにかのためにするのではなく、行為そのものに没頭するのが三昧です。

一〇〇回やろう

「これを誠にする」、すなわち「誠」を獲得するための五つの方法についてお話ししてきましたが、そのあとに補足が書かれています。

――学ばざることあれば、これを学びて能《よ》くせざれば措《お》かざるなり。――

問わざることあれば、これを問いて知らざれば措かざるなり。
思わざることあれば、これを思いて得ざれば措かざるなり。
弁ざることあれば、これを弁じて明らかならざれば措かざるなり。
行なわざることあれば、これを行ないて篤からざれば措かざるなり。

すべてとことんやるということです。

人一《ひと》たびしてこれを能くすれば、己《おの》れはこれを百たびす。
人十《と》たびしてこれを能くすれば、己れはこれを千たびす。
果《は》たして此の道を能くすれば、愚《ぐ》なりと雖《いえど》も必ず明らかに、柔《じゅう》なりと雖も必ず強からん。

人が一回でできることならば、私はこれを一〇〇回する。人が一〇回でできるものならば、私はそれを一〇〇〇回する。

これは『中庸』で私がもっとも好きなところです。

私は、周囲に勉強をする人がほとんどいない田舎で育ちました。塾にも予備校にも通ったことはありません。親だって勉強を教えてくれません。友だちの誰も勉強なんかしない。そして、その中でも勉強ができるほうではなかった。

高校の最初の試験では、四〇〇人くらいの学年の後ろから二番目でした。中小企業診断士の勉強をしたときも、最初の模擬試験はクラスで後ろから二番目でした。自分には才能らしい才能がない。もちろんコネもない。

それなのに、今能をしたり、本を書いたりできているのは、一つは「運」です。

そして、もう一つがこれです。

むろん、人が一回でできることを一〇〇回やったり、一〇〇〇回やったりはできません。しかし、それでも人の数倍はします。自分は才能もないという自覚があるからするのです。

普通にやったら覚えられないし、習得などできない。

ただし、これを「努力」だと思ったら間違いです。**自分が何度も繰り返してできるのは、それが苦痛ではないことだけ**です。「苦しい」「つらい」と思いながらやっていては、身につきませんし、かりに身についても、それを一生やり続けることはできない。

自分が苦痛ではない方法を見つけることが大切です。

たとえば、私は最初、能の謡を覚えるのが苦手でした。師匠から「一〇〇回謡えば覚えられる」と言われましたが、まずはこの「一〇〇回謡う」ということが苦痛でできませんでした。そのうちに「書けば覚えられる」ということに気づきました。しかも、自分にとってもっとも覚えやすい紙の大きさ、筆記用具もわかるようになりました。そうなると、何度でも書くことができるようになります。

何度やってもできないということは、少なくともそのやり方は自分には合っていないということは明白です。一〇回でも一〇〇回でもできる、自分に合った方法を見つけることに時間をかけましょう。

また、最初は苦痛なことでも、外堀をちゃんと埋めてから行うと苦痛ではなくなることがあります。これに関しては第九章の「三流的生き方・実践編」でお話しすることにしましょう。

第六章

『人物志』――才能や資質の見分け方

『人物志』とは

本章から八章では『人物志』という本を紹介したいと思います。『人物志』は、人の見方について書かれた中国の古典で、著者は魏《ぎ》の劉劭《りゅうしょう》という人です。魏というと『三国志』の曹操《そうそう》が有名です。その曹操の子が初代皇帝である曹丕《そうひ》です。その曹丕の子（曹操からすると孫）が明帝と呼ばれた曹叡《そうえい》。曹叡は『三国志演義』でも後半で活躍する人なので、『三国志』が好きな方にはおなじみの王ですね。

曹叡のおじいさんに当たる曹操は『三国志演義』のせいで評判が悪いのですが、本当はかなりの名君でしたし、曹操を取り巻く臣下たちも粒ぞろいの人たちでした。だからこそ魏が三国の中でトップになりました。

しかし、孫の曹叡の時代になると、それがかえって仇《あだ》になります。三代も続いてしまったおかげで、朝廷の中は初代の頃に活躍した人たちの子どもや孫ばかりになり、大臣も世襲制になってしまっていました。

曹叡はこれに危機感を覚えます。このままでは国が滅びると。

そこで世襲の者を排した有用な人材を登用するための人事考課制度を作るように臣下に命じました。それを受けたのが劉劭でした。

そんな劉劭が書いたのが『人物志』です。

まず、目次を見てみましょう。

本書では、この中から三流に関するところを紹介していきたいと思っています。

『人物志』目次

国家を背負って立つ人を選ぶには

『人物志』の著者、劉劭の関心は国家を背負って立つような人物をどのように選ぶかでした。

「そんな大きな話、自分には関係ないよ」と思う方。そんなことはありません。企業や学校などの面接でも、そして日常生活で人を見るときにも劉劭の視点は大切です。

面接が苦手、という人がいます。

学校には進路指導の先生がいて、生徒に就職や入試の面接の方法を教えます。就職のための予備校のようなものもあり、そこでもどういうふうに面接を受けたらいいのかを教えます。

しかし、そのほとんどがあまり役に立ちません。なぜなら、もう一つの側面を見落としているからです。

面接が得意だという人もいます。どんな面接も落ちたことがないし、落ちる気がしない。かりにそのような人の面接時の態度、言葉遣い、語った内容などなどを数値化して、スーパーコンピュータにかけても意味のある結果は出てきません。

それは、そのデータが面接を受ける人のデータであり、面接をするほうの人のことを考えていないからです。

劉劭は言います。

「人は、自分が理解できる人しか理解できない」

人というものは自分と同じタイプの人のよさはわかるけれども、自分とは違うタイプの人のよさはわかりません。

面接が得意な人は、面接官がどのような人物を望んでいるのか、今どのような返答を期待しているのか、それを無意識のうちに察知し、それに対してもっとも適切な答えを出しています。

劉劭は、採用する人、面接官の立場から『人物志』を書いています。完璧に準備したはずなのにいつも面接がうまくいかないという人は、面接官のことを考えていないのかもしれません。

企業にしろ、学校にしろ、面接というのは初対面の人を評価しなければなりません。しかし、これは至難の業であることは、それに携わったことがある人ならばわかるでしょう。

ところが人は「自分は人を見る目がある」と思いがちであり、そして、他人が選んだ人を見ると、「あいつは人を見る目がない」と思いがちだと劉劭は言います。それは、「一流の人」は、その「流」の人しか理解できないからだと言うのです。

劉劭は、人をどのような尺度で識別するのか、それによってこういう点は評価するけれども、こういう点は見失いがちだということを「流（類型）」ごとにまとめています。そのために、まずは人を一二の類型に分けています。現代的にいえば「性格類型」です。

そして、その類型ごとにおのおの適した政治的な職種（業）を充て、さらに中国の歴史の中から該当する人物を紹介しています。さらにその類型の人が、他人を評価するときの基準や、評価する点、しない点をまとめています。

これから一二の類型を紹介しますが、第二章のサブパーソナリティのところでお話ししたように、「この人はこういう性格」と言い切ることはできません。劉劭の一二類型を読むときには「自分はどの類型か」という読み方ではなく、「自分の中にはどの類型があるか」「どの類型が強いか」などを考えながら読んでください。

三つの主な才能や資質：三材

一二の類型のうち、とくに中心となる三つを「三材」と言います。材は「才」と同じで、才能や資質を言います。現代でも「人材」という言葉を使います。三材とは道徳に優れている「清節家」、法を作り制定する「法家」、策謀が得意な「術家」の三つです。

この基礎的な三つのサブパーソナリティ、「三材」の亜流として、批評が得意な「臧否《そうひ》」、法は作れないが守らせることが得意な「伎倆《ぎりょう》」、謀略が得意な「智意」があり、さらに枝葉の類型として、文や論理に優れる「文章」、聖人の業績を伝える「儒學」、口が達者な「口弁」、胆力に優れる「驍雄《ぎょうゆう》」があります。

劉劭は、これらをすべて兼ね備えた人をよしとし、それを「国体（君主の身体として活躍する人）」と名づけました。また、国体の亜流として、三材すべてを兼ね備えていながら、器

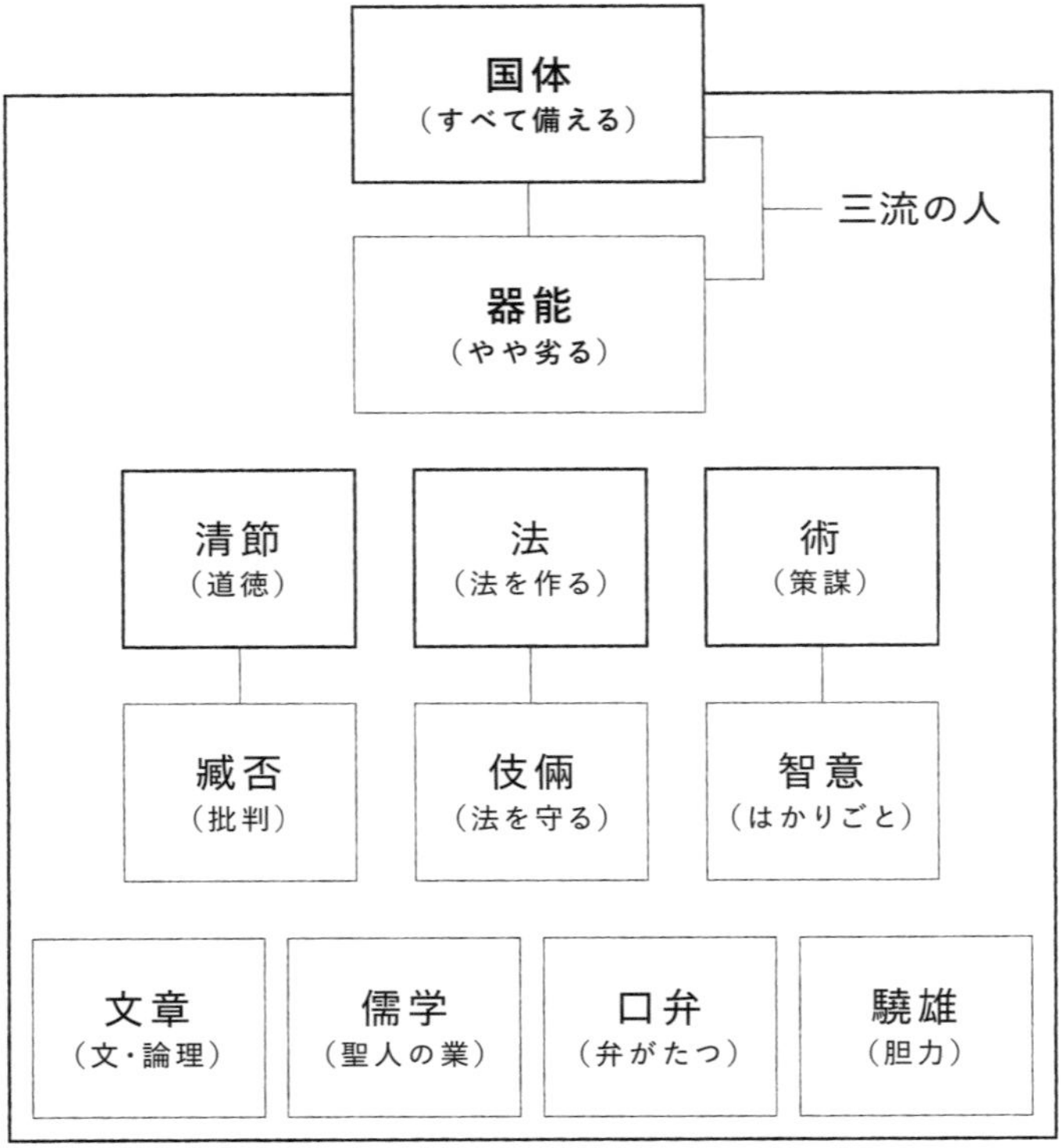

図２　**劉劭による12の流（類型）**

量の小さい人を「器能」と名づけました（図2）。

まずは、基本となる三材について見ていきたいのですが、その前に三材の基本となる「道徳」と「法」と「術」について考えてみたいと思います。

道徳とはなにか

まずは道徳です。

道徳とはいったいなんなのでしょうか。

道徳の授業のせいで、道徳はかなり評判が悪い。しかし、私たちの考える道徳と、本来の道徳とはだいぶ違うものです。

道徳とはなにかをひとことで言えば「この通り行えば多くの人がうまくいくよ」という筋道を示したものです。

たとえば、信号は守るべきとか、人に迷惑をかけてはいけないなどの「～べき」は本来の道徳とは違うものです。それはどちらかというと、あとでお話しする「法」に近い。あるいは「倫理」に近い。

「倫理」と「道徳」とは違います。

道徳は時代が変わっても（あまり）変化をしないものですが、倫理は時代とともにコロコロ変化します。

たとえば倫理の「倫」といえば「不倫」という言葉が浮かびます。不倫が原因で干される芸能人もたくさんいますし、政治家もそれが命取りになります。しかし、不倫がこんなに騒がれ出したのは近年の話です。たとえば明治天皇にたくさんの奥さんがいたということで明治天皇のことをダメだという人は（あまり）いません。江戸時代の物語を読むと、庶民は男性・女性ともにやりたい放題です（武士の世界はうるさかったようですが）。

これは、なにも大昔の話ではありません。同級生の友人が某地方に高校教諭として赴任したときに、生徒の親から「うちの娘のところに夜這いに来てくれないか」と頼まれたそうです。その子のところになかなか夜這いが来ないからだというのです。その地方では、結婚前の女性のところに夜這いに行くことは普通のことでした。

私がチベットを歩き回った一九八〇年代は、彼の地は一妻多夫制。お母さんのベッドルームには、八人の夫たちの写真が飾られていて「みんな、いい男でしょ」と自慢されました。一妻多夫を今でも続けている人たちは中国にはまだいます。

人の作品を無断で使うことも今は悪いこととされていますし、著作権がどうのこうのと言われますが、たとえばバッハはそれまでの音楽をパクってさまざまな名曲を作りました。日本には本歌取りの伝統がありますし、能は和歌も漢詩も、また既存の能の詞章もどんどん取り入れて作品を作っています。

最大の悪と言われている殺人ですらそうです。戦争のときには殺人も英雄の行為とされます。このように時代と価値観でコロコロ変わるのが倫理なのです。

それに対して「徳」は、そう簡単に変わるものではありません。「徳」という文字は、本来は王のために使われた漢字です。「徳」という字には「彳（ぎょうにんべん）」がつくことでわかるように、もともとは「道」に関する語です。最初は「心」がない形で、諸国を巡視するという意味でした。

「徳」の旁は「直」と「心」。「直」は「目」と「十（矢印）」で、まっすぐ見るという意味です。この道をまっすぐ行けば、正しいところに着けるよというのが「徳」のもとの意味です。

「心」がついた「徳」が現れるのは、第四章で紹介した「天命」の初出と同じく紀元前一〇〇〇年頃の『大盂鼎《だいうてい》』という青銅器においてです。周の文王のひ孫にあたる康王の時代。そこでは「（文王の）正徳」、「徳巠《とくけい》」という熟語で使われています。

「正徳」の「正」の字も征と同じで道を行くという意味。ひい祖父さんである文王の歩んだ道をまっすぐに歩むというのが「文王の正徳」です。また、「徳巠」の「巠（経）」の字は経糸を張った形で、筋道。この張られた糸の筋道通りに行けば、うまくいくよ、というのが「徳巠」です。

しかし、「巠」の糸は一本ではありません。徳の特徴は「これが正しい」という正解がないということです。「徳」というのは非常におおざっぱなものです。自由裁量の部分が大きい。その場、そのときの状況に合わせて、もっともふさわしいものを択ぶ。それができる能力を身につけることが「徳」を身につけることです。

法とはなにか

しかし、それは凡人にはなかなか難しいし、わかりにくい。だからといって「これが正しい」という一つの方法を教えると、それにがんじがらめになって身動きが取れなくなる。それならば、「これをしてはダメだ」というほうが従いやすい。それ以外はＯＫなのですから。

「〜してはダメ」ということを教える、それが法の最初です。

ちょっと余談なのですが、否定語を生み出したというのは人間の発明の中で最大のものの一つではなかったかと私は思っています。

おそらく動物も言葉を使うでしょう。たとえば「敵が来た！」と知らせることはできるかもしれない。あるいは「こっちに来い！」も言えるかもしれない。しかし「そっちに行ってはいけない」ということは言えない。

親が子どもに危険を教えるときには、だいたい否定か、あるいは禁止です。否定語、禁止語がなかったら多くの子どもは危険にまきこまれ、成人するまで育たないおそれもあります。

否定する教育はよくないという人がいますが、モーゼがあんなに苦労して手に入れたのもほとんどが否定語から始まる「十戒」ですし、鑑真和尚が目を犠牲にしてまで日本に伝えたかったものも「戒律」です。**「〜してはいけない」という戒律は、人を正しい方向に導くためのパワーツール**なのです。

そして、それを成文化したのが「法」です。

「徳」というものが選ばれた人のためのものだとすれば、「法」というのはそれを一般化したものなのです。

否定語が人類最大の発明だと言いましたが、その否定語を成文化した「法」は有史史上最高の発明品の一つです。

『論語』の中で「徳」の対する文字は「政」と「刑」です。「政」の偏の「正」は征伐、旁の「攵」は鞭《むち》で打つという意味で、武力による統治を意味します。そして「刑」のもとは「井」で、これは「井形」であり「型」です。「こうすればうまくいく」ということを教える、現代でいえばマニュアルです。

法は、否定、禁止だけでなく、具体的な方法を教えるマニュアルも含みます。

はじめて法を知った人は驚いたでしょう。清節家の重視する道徳は、その基準が人によって違います。ある人にとっては正しいことでも、ある人にとっては正しくないこともある。だから、賞罰が一定しません。従う人たちもなにを基準にしたらいいのか決めかねます。ところが法は、そこに書かれた通りに従えば賞罰が一定します。

しかも、いちいちうかがいを立てる必要もない。これは驚きです。そこに書かれた法があれば、音声が届かない遠方に文字によって知らせることができるし、また「こうするとこうなるよ」と未来までもコントロールできるのです。天才でなくても国を治めることができるし、軍隊も強くなる。それによって国も栄える。そんな魔法のツールが法です。

だからこそ最初期の法であるウルナンム法典やハンムラビ法典を制定した国家は、強かった。法によって国家を強くすることができたのです。これは、その少し前に完成された「文字」によって可能になったことでした。文字の発明が法を生み出したのです。「法家」の人たちは、今で言えば法律家というよりも国会議員でしょう。大きな法を定め、細かな法である制度を立てる人。それによって「強国富民」、すなわち国を強くし、人々を富ますことに優れている人を言います。

術とはなにか

さて、三材、最後は「術」、策謀です。

「術」は魔術の術ですが、これも徳と同じく「彳(ぎょうにんべん)」がついているのでわかる通り「道」に関する文字です。「行」は、もともとは十字路＝「辻」の形です。真ん中の「朮」の語源については諸説ありますが、なにかをつなぐ、ひっつけるという意味でしょう。辻(行)には市《いち》が立ちます。市では、たとえば海産物と農作物のようにまったく違う産物を通して、まったく違う生活様式を持っている人々が交わります。違う生活様式を持った人たちは、突然出くわすとだいたい戦いになります。

日本神話でも海産物を捕る海幸彦と山の獣を獲る山幸彦の戦いの物語がありますし、旧約聖書やシュメール神話では農耕民と牧畜民が競います。言葉も習俗も違う人たちです。その両者を結び付けるツールが必要になります。それが「術」です。

「徳」と「法」の方法はストレートでした。しかし、別の生活様式を持つ人たちではそうはいかない。当然だと思うことも当然ではないし、「話せばわかる」なんてことも通用しない。それをうまくコントロールするのが「術」なのです。

「術家」のゴールは目的の達成です。さまざまな手を使って目的を実現させるのが術家であり、手段の合法性や、それが倫理的にどうかはひとまずおき、目的の達成を一番に考えるのが術家です。

権謀術数という言葉は、とかくネガティブにとらえられがちですが、**小さい者、弱い者にとって「術」は重要な能力**です。

日本の古代の戦争は権謀術数のオンパレードです。日本神話最初の戦いであるヤマタノオロチ退治だって、酒を飲ませて眠っている間に大蛇を退治してしまうというだまし討ちです。そりゃあ、そうです。あんな大きいものに正面から挑んでいったって負けるのは当然。負ける戦でも正々堂々とするというのはかっこよく見えますが、しかしそれによってその一族郎党や国民までもが虐殺されるのはたまらない。強い敵にはだまし討ちが最良の手です。

古代日本最大の英雄といわれるヤマトタケルもだまし討ちが得意です。彼は頭がいい。倫理などくそくらえと思っています。なぜなら倫理は強者が作った論理だからです。

術家は倫理を無視はしますが、「徳」から外れたことはしません。徳から外れると、短期的には成功しても、長期的に見ると失敗することがよくあります。人が考えつかないような策謀を使い、直球でいくと失敗しそうなことだけれども変化球を使って攻めるとうまくいく。しかし、それは多くの人を納得させうる手。そんな方法を考えるのが術家です。

そして、それを言葉を使ってするのが「外交」です。

「術」は言語が通じない他者とのコミュニケーション・ツールとして生まれた「礼」にも通じるものです。

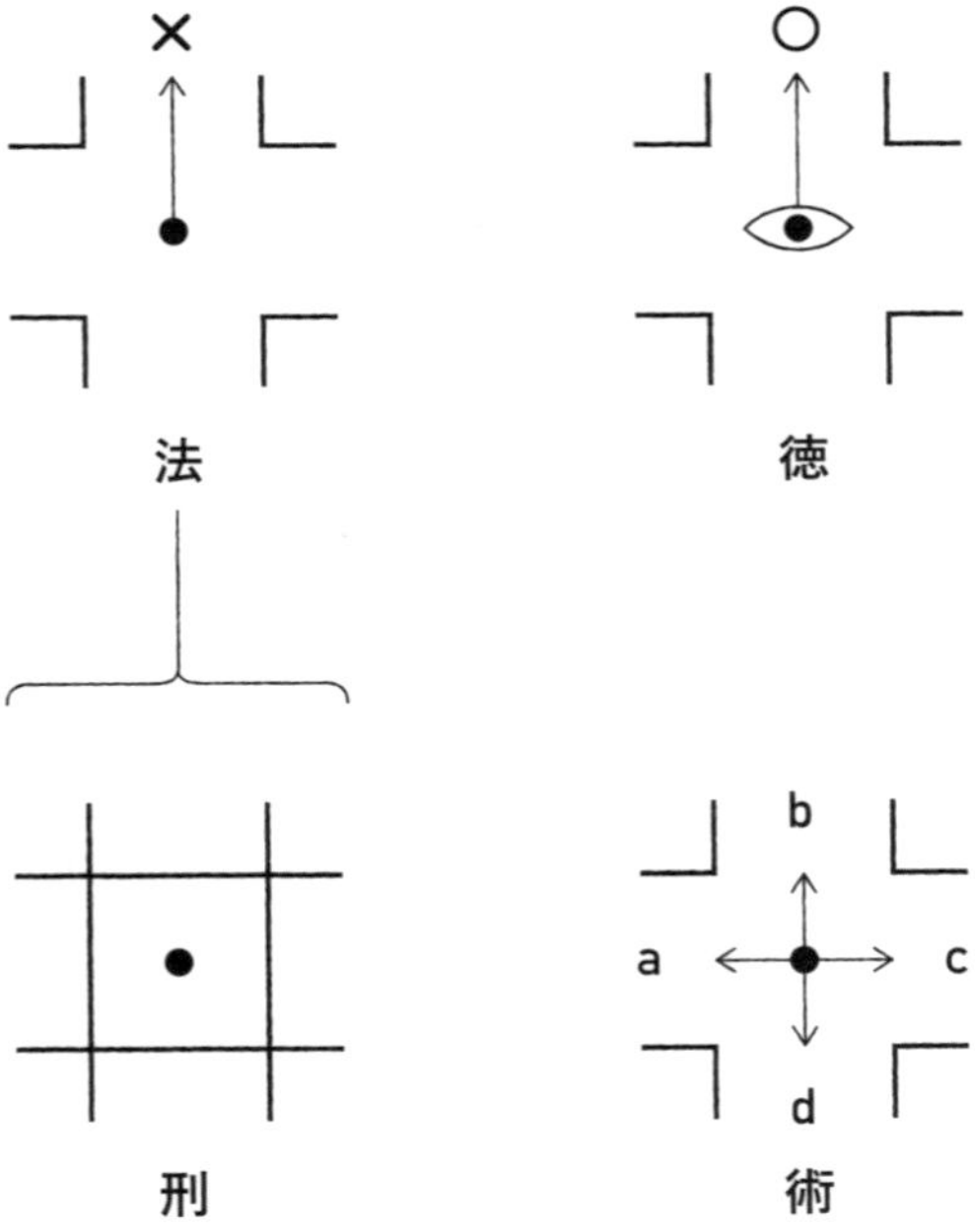

図3　「徳」「法」「術」のイメージ

第七章

道徳・法・術
――『人物志』が説く三材

清節家の季札

前章でご紹介した道徳・法・術を体現した人が「清節（道徳）家」「法家」「術家」の人たちです。

「清節家」の人は、徳行に優れ、その進退も、また行動も言葉もお手本にすべき人たちです。優れた道徳心を持っているだけでなく、心も広いのが「清節家」の人たちです。『人物志』において劉劭は、歴史上の人物で言えば、延陵《えんりょう》の季札《きさつ》（紀元前五六一－紀元前五一五、異説あり）と晏嬰《あんえい》（不詳－紀元前五〇〇頃）の二人を挙げています。

季札のことは『史記』の「呉太伯世家《ごたいはくせいか》」に書かれます。季札は、呉の王である寿夢《じゅぼう》の息子の一人でしたが、兄たちに位を譲り、延陵という地に封ぜられました。彼に関して「季札剣を挂《か》く（季札挂剣）」という故事がありますので、まずはその話を紹介しましょう（本章と次章の故事は筆者による要約）。

―季札が、魯《ろ》という大国に呉の国の使者として派遣された途中で、北方の小さい徐《じょ》と―

いう国に立ち寄った。徐の国の君主は、季札が腰に帯びている宝剣を見て、そのあまりのすばらしさに「欲しい！」と思った。しかし、それを口に出して言うことはなかった。

季札も、徐君が欲しがっていることは感じていたが、今はまだ魯の国への使いの途中。宝剣を献上することはできない。

魯の国での使者の役目も終わっての帰り道、宝剣を献上しようと思い、徐の国に到着した。しかし徐君はすでに亡くなっていた。

季札は、その宝剣を腰から解いて徐君の墓の樹に掛けて立ち去った。

従者は「徐君は亡くなっているのに、そんな大切なものを誰に与えるのですか」と言う。

季札は「いや。私は最初から心の中で差し上げようと決めていた。亡くなったからといって自分の心に背くことができるだろうか」と従者に告げる。

第四章でも少し紹介した『ブラザーサン・シスタームーン』という映画があります。聖フランシス（フランチェスコ）の生涯を描いた映画ですが、公開当時の映画雑誌に、主演のグレアム・フォークナーが、たとえば共演者から「その時計、いいね」と言われるとすぐにあげてしまうというエピソードが載っていました。まるで映画の役の聖フランシスのように無欲です。

どんなにすばらしい宝物でも執着はないし、欲しいという人にはあげてしまう。そして、一度決めたら、相手が生きていようが、亡くなっていようが関係ない。それが季札でした。のちに春秋五覇の一国に数えられる呉ですが、季札の時代はまだ新興国家。季札は、主君の代理の使者として諸国との外交を行いましたが、行く先々で聖人としての名は高まり、諸国の賢人・高官が季札に教えを乞うようになりました。季札の外交のおかげもあって、呉は春秋五覇の一国に数えられるほどになるのです。

季札のエピソードには「楽《がく》(音楽)」や「舞」に関するものが多い。孔子は「詩」に興《おこ》り、「礼」に立ち、「楽」に成ると言い、人格の完成は楽にあると言いました。季札は諸国を巡るときに、その国のことを高官たちの話ではなく、楽や舞によって判断していたのです。「呉太伯世家」の中の季札のエピソードには一つの特徴があります。それは彼が、人も楽も批判しないということです。「すばらしい楽ですね」とか「すばらしい人ですね」とは言いますが、「この楽はダメだ」とか「あなたはここを直したほうがいい」などとは言いません。

では、季札が出会ったものがすべてよかったかというとそうではありませんでした。季札にとって居心地のよくない場所もありました。そういうとき季札は、それを**批判するのではなく静かに立ち去る**のでした。

また、後述する清節家の晏嬰にも出会います。そのとき、晏嬰の仕える国の危険性も察知しました。そこで晏嬰には、いつでも逃げ出せる準備をしておくようにと告げるのでした。

清節家の晏嬰

劉劭の挙げるもう一人の清節家である晏嬰も、聖フランシスのような人物です。聖フランシスは清貧をむねとしましたが晏嬰もそうで、服は三十年間一枚だけを着続け、肉もほとんど食卓に出ない。そんな生活をしていました。

晏嬰は斉の国に仕える人で、季札と同じく諸国を巡りました。彼は背が低かったので、諸国に使者として行くと身長のせいでよく辱《はずかし》めを受けました。

当時の大国、楚《そ》の国に行ったときにはこのような話が残っています。

楚の国に使者として行ったとき、晏嬰の背が低いのを見て、大門ではなく横にある潜《もぐ》り戸から入るように言われた。

晏嬰は「犬が入る門で他国の使者を迎えるのは、犬の国のすることだろう」と言った。

そこで楚の者は、大門を開いて晏嬰を入らせた。

会見の場で王は小さな晏嬰を見て「斉には人がいないのか」と言った。

晏嬰は「そんなことはありません」と答えた。

王が「では何故、お前のような不肖のものを使者として遣わしたのか」と言うと、晏嬰は「斉が使者を任ずるときには適性を考慮します。賢王のもとには賢者を、不肖の王侯には不肖の者を使節に遣わします。自分はもっとも不肖なる者ゆえ、楚国に使節として遣わされました」と答えた。

また、会見の宴《うたげ》のさなか、役人が縛られた者を連れてきた。

王が「それは何者か」と問うと、役人が「斉人で、盗みをしました」と言った。

王は晏嬰に向かって「斉の者は盗みが性分なのかね」と言うと、晏嬰が答えた。

「江南に橘《たちばな》という樹があります。これを江北に植えると棘《とげ》のある枳《からたち》になります。これは土と水のためです。斉の者は斉にいるときには盗みなどしません。良民です。そんな良民も、楚に来ると盗みをいたします。それは楚の風土のせいでしょうか」と。

霊王は「聖人に戯《たわむ》れんとして、却《かえ》って自ら恥をかいた」と苦笑いした。


国家を第一に考え、自分の主君に対しても歯に衣着せぬ諫言《かんげん》をしたのが晏嬰です。最初は彼をうとましく思っていた君主も彼を憚《はばか》るようになります。

国家という大きなもののための言動は、まさに「徳」です。そのためには「主君は敬うべきだ」という倫理などは捨てる。それが清節家です。

ちなみに晏嬰には「羊頭《ようとう》狗肉《くにく》」の成語のもととなる「牛頭馬肉」の故事があります。


斉の霊公のとき、女性の間で男装が流行り、国中の女性が男装を始めたので霊公は禁止令を出した。しかし、国民は誰もそれを聞かない。それは当たり前。宮中の女官たちはみな男装をしていた。

晏嬰が言う。

「霊公よ、御身のしていることは牛の頭を看板に使って馬の肉を売っているようなものです。宮廷で禁止すればすぐに流行は終わります」と。

――反省した霊公がその通りにすると流行は収まった。――

今これを書いている二〇二一年春。日本は新型コロナウイルスの感染爆発で、国は緊急事態宣言を出し、不要不急の外出を控えるようにと言っています。しかし、国民はそれを守ろうとしない。

当たり前です。オリンピックをしようとするわ、政治資金のパーティはするわで、緊迫感がまったく伝わらない。

まさに「牛頭馬肉」です。

法家の管仲

法家は、法を制定し、国を強くして国民を富ませる人たちです。

劉劭は、その代表として管仲《かんちゆう》（不詳―紀元前六四五頃）と商鞅《しようおう》（不詳―紀元前三三八頃）を挙げています。世界史の授業では法家といえば韓非子《かんぴし》や李斯《りし》を習うことが多いですが、『史記』では管仲と商鞅のほうが韓非子や李斯よりも重く扱われています。

管仲の伝記は、清節家の晏嬰とともに『史記』の「管晏列伝」で読むことができます。しかし、「管晏列伝」では管仲よりもむしろ、その友だちである、鮑叔牙《ほうしゆくが》（鮑叔）のほうがいい人に書かれています。管仲と鮑叔は「管鮑《かんぽう》の交わり」で有名です。

若いときに、この二人はいつも一緒だった。鮑叔は管仲が賢人であることを知っていた。

管仲は貧困で、いつも鮑叔をだましていたが、しかしだからといって、その行いによって管仲の人柄を非難するようなことはなかった。

これ、すごいですよね。鮑叔。どんなにだまされても「管仲は賢人だ。だから、どんなにひどい行いをしても、どんなにひどいことを言っても、だからといって彼の価値が変わるわけではない」と思い続けられる。

親が子に対する気持ちはこれに近い。「無償の愛」もこれですね。どんなにだまされても、ひどいことをされても、そして陰で自分のことをひどく言っているのを知っても、それでも愛する。

「管鮑の交わり」の友情、それこそが本当の友情です。相手からの友情や見返りを期待した時点で、それは違うものになります。

管仲も鮑叔のすばらしさはもちろん認めていました。後年、若いときのことを思い出して管仲が言います。

鮑叔と一緒に商売をしたことがある。本来は、利益は半々にするはずだったが、利益のほとんどを私が取っていた。しかし、鮑叔は私のことを欲が深いとは言わなかった。それは私が貧困であることを知っていたからだ。

また、鮑叔のために知恵を貸したことがあったが、それによってむしろ彼を窮地に陥らせ、困らせてしまったことがあった。しかし、だからといって彼は私を愚か者だと非難しなかった。物事にはうまく行く時（利）とそうでない時（不利）があるのを理解していたからだ。

私は三度仕官したが、三度とも主君から追い出された。しかし、彼は私を役立たず（不肖）だと言わなかった。それはただ時の流れに遇《あ》っていなかったことを理解してくれていたからだ。

また、三度戦争に参加して、三度逃げ帰ってきた。しかし、彼は私を臆病だとは思わなかった。私に老母がいることを知っていたからだ。

自分が仕えていた公子糾《こうしきゅう》が敗れたときも、自分とともに公子糾を奉じた召忽《しょうこつ》は死んだが私は囚われて恥辱を受けた。しかし、彼は私を恥知らず（無恥）と呼ばなかった。それは私が小さな義理を無視することなどは恥と思わず、天下に功名をあらわせなかったことのほうを恥としていることを理解していてくれたからだ。

私を生んだのは父母だが、私を理解してくれる者は鮑叔である。


これはもちろん鮑叔がすばらしいのですが、しかし管仲にはそんなにひどいことをしても友だちから好かれるという素質があったのでしょうね。

さて、そんな管仲ですが、斉の国を強くした最大の功労者は彼でした。

明治時代に有名になった「富国強兵」というのも管仲の伝記「管晏列伝」に現れる言葉です。管仲の時代の斉の国と、明治時代の日本は似ています。一つは国が小さかったこと、そしてもう一つは海浜の辺地の国であったこと。

これといった産業もないし、国も小さい。そこで管仲の取った政策は「通貨積財」、すなわち交易によって国の財力を増やし、そして「富国強兵」を実現することでした。

しかし、ここから先が明治政府と管仲とが少し違うところです。

管仲は、「強兵」の前には「富国」、国を富ませることが重要だとし、そのためには人々の生活の安定と人々のための規律が必要だと説きます。生活の安定のために、まずは貿易や他国の人々がこの国にやってきたくなるような仕組みを作ります。この規律の制定が「法家」たるゆえんです。しかしその規律は「俗と好悪を同じくす」、すなわち国民が好むような法にすべきで、国民が嫌うような法にしてはダメなのです。管仲は言います。


人々は、穀物庫がいっぱいであれば礼節を知るようになる。

衣食が十分にあれば、なにが名誉で、なにが恥かがわかるようになる。

上に立つ者の行いが法や規則に則っていれば、家庭（父母、兄弟、妻子）も安定する。

礼・義・廉・恥が行われなければ国は滅ぶ。

法令や命令が国民の心によく合ったものならば、それは源から水が流れるように速やかに行われる。


まずは国民の生活の安心と安定。そして、上に立つ者から率先して規律を守ること。それが大切だと管仲は言います。

法家の商鞅

さて、法家のもう一人は商鞅です。彼の伝記は、『史記』の「商君列伝」に載ります。まずは、彼が秦の王に仕えることになったエピソードを紹介しましょう。


商鞅は秦を大国にする礎《いしずえ》を作った人だったが、若い頃は魏の国の大臣である公叔座《こうしゅくざ》に仕えていた。公叔座が病気になったときに、魏の恵王がわざわざお見舞いに来た。

「お前が死んでしまったら、国家のことを誰に相談したらいいだろうか」と言う王。

「公孫鞅（商鞅）という者がおります。まだ若い者ですが、稀《まれ》な才能を持っております。彼の意見を聞くのがいいでしょう」

しかし、王はなにも答えず、そのまま座を立とうとしたので、公叔座は人払いをして王に言った。

「もし彼を用いるという私の提案をお聞き入れになられないならば、彼を殺してください。国境を越えさせてはなりません」と。王はうなずいて帰った。

王が帰ったあと公叔座は商鞅にこのことを告げ「お前はすぐにこの国から逃げなさい」と言った。しかし、商鞅は「王は、あなたの言葉を信ぜず私を用いませんでした。それならば私を殺すこともないでしょう」と言い、そのまま公叔座のもとに居続けた。王は帰り際に側近の者に「あんな者を私に推挙するとは、公叔座の病はよほど重くて、ボケてしまったに違いない」と言った。

公叔座が亡くなったあと、秦の孝公が国を再興するために賢者を求めていると聞いたので、秦に行き孝公の寵臣《ちょうしん》である景監の伝手を使って秦の孝公に謁見《えっけん》した。

商鞅は長い時間、思うところを語ったが孝公はときどき居眠りをするので謁見を中断した。孝公は景監に対して「お前の連れてきた男は妄言ばかり吐いている役立たずだ」と怒ったので、景監も商鞅をなじった。

商鞅が言う。

「私が語ったのは夏《か》・殷・周の三代の王が採用した帝道です。王がそれを理解されなかったのです」

五日経ったあと、王はまた商鞅に会いたいと言い出した。また長時間話したが、まだ王はよくわからず、紹介者の景監に文句を言ったので、景監も商鞅をなじった。

「今度は徳によって国を治める王道を語りました。が、それも理解されなかったよう

ます。

まずは甘竜の反論。

「それは違う。聖人というものは民の風習を変えずに教化し、知者という者は法を変えずに治めるものだ。民の風習を変えずに教化すれば苦労なく功を成すことができるし、今の法のまま治めれば官僚も慣れているから民だって安心だ」

次に杜摯の反論。

「法というものは変えることによって一〇〇倍の利益があることが明白な場合にのみ変えるべきで、礼制は効果が一〇倍あることが明白な場合にのみ変えるべきです。昔の通りにしておけば過ちは起きないし、昔からの礼に随《したが》っていれば悪いことは起きません」

これに対して商鞅は（簡単にいえば）「じゃかあしい！　滅んだ国は、古臭いしきたりを守った国ばかりではないか」と言って、二人の意見を退けます。

はげしいですね。ラディカルですね。このはげしさが秦を大国にしていきますが、じつはこれによって商鞅は悲劇的な結末を迎えることになるのです。

商鞅だけではありません。李斯も韓非子もそうです。法家の人たちは悲劇的な死を迎えることが多いようです。しかも、自分が制定した法によって首を絞められる。それが法の持つ硬直性であり、非情さです。「徳」や「術」には時に応じて自由に変化させることができる臨機応変さがありますが、法は一度決めてしまうと変えることが難しい。「悪法も法」と言われるゆえんです。

さて、商鞅のエピソードは『史記』にたくさん書かれていて、すべて紹介する紙幅はないのですが、最後に「移木の信」と呼ばれるエピソードを紹介しましょう。

新たな法を作ったが、商鞅はなかなかそれを公布しなかった。それは人々に「法を信じる」という気持ちがなかったからである。

そこで三丈の木を都の南門に立て「この木を北門に移して置いた者には一〇金を与えよう」という布令を出した。しかし、国民はこれを怪しんで木を移動させなかった。そこで「五〇金を与えよう」と再度布令を出した。すると一人の者がそれを移した。そこでその者に五〇金を与えた。それによって国民は、国が欺《あざむ》かないことを知った。それから法令を発布した。

しかし、新法なので不満を言う者の数が一〇〇〇にも上った。そのうちに太子（皇太子）が新法を犯した。さすがに太子なので罰することはできない。そこで太子の師を刺青の刑に処した。それからみな法令に従うようになった。

新法が発布されて十年、秦の国民はみなその法を大いに喜んだ。道では落とし物を拾うものはいなくなり、山には盗賊もいなくなった。人々の生活は満ち足り、公の戦いには勇敢に戦い、私の戦争はなくなり、街も村も治まるようになった。

術家の范蠡

「術家」は、深遠な策謀と未来を読む思案と、そしてその場に応じた臨機応変の能力に優れた人たちです。劉劭は術家として范蠡《はんれい》（生没年不詳）と張良《ちょうりょう》（不詳―紀元前一六八、異説あり）とを挙げています。

この二人はともに軍師です。戦争の計画は、その射程の長さに応じて「戦略」「戦術」「作戦」とありますが、軍師はもっとも射程の長い戦略を立てるのがその役割です。

軍師といえば諸葛孔明《しょかつこうめい》や、そのライバルの司馬懿仲達《しばいちゅうたつ》、そして周瑜《しゅうゆ》を思い浮かべる方が多いのではないでしょうか。現代ではとても評価の高い軍師である彼らがなぜここに載っていないかというと、それは『人物志』を書いた劉劭が彼らと同時代人だからです。古典の人物から例を採っている劉劭です。さすがにここだけ同時代人というわけにはいかなかったのでしょうし、彼らの評価もまだ固まっていなかったのかもしれません。

現代版『人物志』を書くときには、諸葛孔明たちも入れたいですね。

まず范蠡から見ていきましょう。彼は越王の句践《こうせん》に仕えた軍師です。その業績は『史記』の「越王句践世家」に詳しいのですが、なんとお金儲けが上手な人たちを集めた「貨殖列伝」にも范蠡のエピソードが載っています。軍略の専門家で軍師であるとともに商売人としても成功をおさめている。先に范蠡の軍師としての能力を見てみましょう。

呉の国と越の国は隣の国であるにもかかわらず（というか隣の国だからこそ）、仲が悪かった。「呉越同舟」という言葉があるくらいです。そして、范蠡の主君である句践と呉の夫差《ふさ》との戦いは「臥薪嘗胆《がしんしょうたん》」として今でも人口に膾炙《かいしゃ》しています。

きっかけは越王であった允常《いんじょう》が亡くなったことから始まります。当時の呉の王はまだ夫差ではなく、その父である闔廬《こうりょ》です。闔廬は允常が死んだと聞いて「こんなチャンスはめったにない」と軍を起こして越を討とうとします。それを迎えるのが允常の子である越王句践。彼はめちゃくちゃな戦術で呉の軍を迎え討ちます。


――――――

句践は決死隊を編成する。三隊に分かれた決死隊の兵士たちは死に物狂いで、呉の陣営近くまで迫り、大声で呉の兵士たちになにか呼びかける。呉の兵士たちが「どう

――――――

した、どうした」と見ていると、彼らはなんと敵の目の前で自分の首を刎《は》ね始めるのであった。

「なんだ、なんだ」

呉の兵士たちが呆気《あっけ》に取られているそのすきに、越の軍隊は呉の軍に襲いかかり、呉軍を敗退させた。この戦いで呉の王である闔廬は傷つき、それがもとで亡くなった。亡くなるときに子である夫差を呼び、「越への恨み、忘れるなかれ」と言い残した。


さて、敵の目の前で大量の兵士が自分で自分の首を刎ねるというこの戦術。誰が立てたのかは『史記』には書かれていませんが、范蠡が立てたのではという説があります。常軌を逸している。これが術家です。

それから三年後、呉の国が軍隊を増強し、日夜訓練しているという話を越王句践は聞き、これは今のうちに討っておかなくてはまずいと考えて、軍を率いて進軍しようとします。

それを范蠡が止めます。


兵は「凶器」、戦いは「逆徳」、争いは「事の末」です。

「逆徳」をひそかに謀り、「凶器」を好んで使い、そして「事の末」に身を置くことは

──上帝が禁じたことです。先にこれを犯した者が不利です。──

范蠡は軍師なのに戦いを止めるのですね。これが軍師と参謀の違いです。**参謀は戦いで勝利することを役割としますが、軍師はもっと大きな視点で勝利を考えます。**

王は「もうすでに決めたことだ」と兵を発しました。

しかし、これが完敗。敗残兵五〇〇〇人だけを引き連れて会稽山《かいけいざん》に立てこもりました。呉王はこれを取り囲みます。

越王は范蠡に「お前の言葉を聞かなかったために、このざまだ。面目ない。どうしたらいいだろう」と尋ねます。范蠡は「言葉を低くして、礼を厚くし、財宝をすべて差し出して許しを乞うのがいいでしょう」と言い、句践は使者として種《しょう》という大臣を遣わし、そのようにしました。

呉には范蠡と同じく軍師がいます。これが伍子胥《ごししょ》というすばらしい人物で、彼は呉王に言います。

「今、天は越の国を呉に賜わろうとしています。これを許してはなりません」と。

そして、范蠡と種も殺すように進言しました。

しかし、呉には賄賂好きで、しかも呉王に取り入るのがうまい太宰（総理大臣）の伯嚭《はくひ》がいます。彼に賄賂を贈り、それによって越王句践はかろうじて命をつなぎました。

ここからが臥薪嘗胆になります。

ちなみに「臥薪」は呉王、「嘗胆」は越王の話ですが、『史記』には越王の「嘗胆」の話しか書かれておらず、臥薪のほうは後代になって作られた話のようです。

さて、その嘗胆を見てみましょう。

越王句践は国に帰ると自分の身を苦しめ、いつか復讐するぞと思いを焦がし、苦い胆をそばに置き、起きても寝てもそれを嘗《な》め、飲食のときにも嘗め、「お前は会稽の恥を忘れるのか」といつも自らに言っていた。

王自ら畑に出て作し、夫人も自ら機を織り、食事は肉を二皿にせず、着物は色のあるものを重ねて着なかった。身を屈し膝を折って賢人にへりくだり、賓客を厚くもてなし、貧しい者を助け、身よりのない死者を弔《とむら》い、人々と苦労をともにした。

王は国政を范蠡に任せようとしたが、「軍事については種は私に及びませんが、国家を鎮め国民を手なずけるには私は種に及びません」と言い、国政をことごとく大夫種に任せて、范蠡は大夫柘稽とともに呉の国に人質として入った。二年後、呉は范蠡を帰した。

さて、句践は范蠡の進言、諫言を取り入れて、ついに呉を滅ぼし、越は春秋五覇の一つに数えられるほどの大国になりました。范蠡がどのような策を用いたかをここで紹介すると大変な量になりますので残念ながら省きます。

呉王夫差にも伍子胥という范蠡に劣らぬほどの軍師がいたのに、なぜ呉は越に敗れたのでしょうか。それは呉王が伍子胥の意見を聞かなかったことと、賄賂好きな太宰の伯嚭が二人の間に入って邪魔をしたからです。

伯嚭にそそのかされて伍子胥を死に至らしめた呉王夫差は、越王に負けて自害するときに「伍子胥に合わせる顔がない」と自分の顔に布をかけて死にました。文字通り「面目ない」です。

賄賂好きの太宰が呉を滅ぼしたようなものです。いつの時代でも世の中をめちゃくちゃにするのはこのような人たちです。

では、最後に范蠡、最後の「術」。その身の処し方を見ておきましょう。「狡兎《こうと》死して走狗《そうく》煮《に》らる」の格言になったエピソードです。これは「越王句践世家」と「貨殖列伝」に載る話を交えながら紹介します。

范蠡は越を去り、小舟に乗って太湖に浮かび斉の国に行った。そこで越の同僚であった種に手紙を書いた。

「『飛ぶ鳥が取り尽くされれば良い弓は捨てられ、捕らえることが難しいウサギが死ねば猟犬は煮られて食べられてしまう（蜚鳥尽くして良弓蔵され、狡兎死して走狗烹らる）』と聞いています。越王は苦しみをともにすることはできる王ですが、楽しみをともにすることはできない王です。あなたも早く越の国から去ったほうがいいですよ」

種はこの手紙を見てから仮病を使って朝廷に出なくなった。しかし、謀叛《むほん》の疑いをかけられ自死に追いやられた。

范蠡は陶朱公と名を変えて商売を始め、大成功をした。范蠡の商売は時機を見て売買し、人を相手にしない、現代でいうトレードのようなもの。それで十九年のうちに三度も千金を手にするが、そのたびに貧しい知人や疎遠な親類に与えてしまう。

その後、家業を子孫に継がせ、子孫も巨万の富を得た。これによって富を考える者はみな陶朱公を参考にするようになった。

富に関しても、范蠡はこれ以外にもエピソードがたくさんありますが、まずはその引き際の美しさがすばらしい。**用が済んだら、さっさと引退する。**これが范蠡最大の「術」でした。

『船弁慶』という能では、頼朝に追われて落ち延びる義経に対して、静御前《しずかごぜん》が范蠡のたとえを引いて慰めます。『太平記』にも范蠡のたとえが出てきます。日本の文化にも大きな影響を与えた人でした。

術家の張良

さて、術家のもう一人は張良です。彼は漢帝国を建国した劉邦《りゅうほう》の軍師です。張良は留の地を与えられて諸侯である「留侯」となったので、その事跡は『史記』の「留侯世家」に描かれています。

若い頃、張良は大力の男を見つけ、二人で秦の始皇帝を暗殺しようとしました。それが失敗したために逃亡生活を続けることになります。そこでのエピソードです。

――始皇帝の追っ手から身を隠す張良は名を改め、下邳《かひ》というところに隠れていた。あ――

る日、張良が土の橋のところを散策していると粗末な服を着た一人の老人が現れ、わざと靴を橋の下に落として言う。

「おい、若いの。靴を取ってこい」

張良は愕然《がくぜん》として「この爺《じじい》、殴ってやろうか」と思ったが、ぐっと我慢して橋からおりて靴を拾ってきた。

すると老人は「履かせろ」と言う。

張良は、まあ拾ったんだから履かせるかと跪《ひざまず》いて履かせる。老人は笑って立ち上がり、去っていったが、一里（約四〇〇メートル）ほど行ったあとで戻ってきて「若いの。お前は教えるに価する奴かもしれんな。五日後の早朝にまたここに来い」と言う。

張良は不思議に思い、跪いて「はい」と答える。

さて、五日後、張良が土橋のところに行くとすでに老人は来ていた。「老人と待ち合わせをして遅れるとは何事か」と老人は怒り、また五日後にここに来いと言って去った。

五日後、鶏が鳴くときに張良が行くと、また老人がいて怒った。

また、五日後、今度は夜半に行った。老人はおらず、しばらくして老人がやって来て「こうでなくてはいかん」と言い、一編の書物を取り出して張良に与えた。

「これを読めばお前は王者の軍師になれる。そして、十年の後に興隆し、十三年の後にお前は私と済北でまた会うだろう。穀城山の下の黄石がすなわちわしだ」

そして消えた。

夜が明けて、張良がその書物を開いてみると、それは周の軍師、太公望の兵法の書だった。不思議に思った張良は、繰り返し繰り返しこの書を読んだ。

なんとも不思議な話ですが、内田樹氏はここに教育の神髄があると言います。まったく納得できないようなことを示す師匠。それを受け容れ、そこに自分で意味を見出す弟子。その関係性においてのみ教育は実現します。

この話は能では『張良』という曲になっていますし、また『鞍馬天狗《くらまてんぐ》』という能の中にも引用されています。中国にもこの場面が芸能として残っています。

さて、張良の軍師としての働きは「留侯世家」だけでなく「項羽本紀」「高祖本紀」にもたくさん書かれます。私の属する能のワキ方にとっては能『張良』はもっとも大切な曲（演目）の一つで、最初に『張良』を演じたときには張良に関するものを熟読したので、書きたいことはたくさん、たくさん、たくさんあります。

しかし、今回はぐっと我慢して、張良の引き際を見ておきましょう。

漢の建国も成ったある日、留侯は言った。
「我が家は代々、韓の宰相であった。韓が滅んだとき、力の強い者を万金で雇って始皇帝を暗殺しようとした。これによって天下が振動した。今、三寸の舌で帝王の軍師となり、万戸を封ぜられ、諸侯の位をいただいた。庶民としては栄達の極みであり、私としては満足の至りである。この上は、人間世界から離れて仙人のように暮らしたい」と。

そこで穀物を食べず、導引の術を修行し身を軽くすることを学んだ。

漢帝国ができた後は、劉邦を助けた功臣の多くは死に追いやられました。しかし、張良は范蠡と同じく身を隠すことによって、その生をまっとうしたのです。

ちなみに若い頃に出会った老人の言葉の通り、十三年後に黄石と出会った張良はそれを持ち帰って宝として祀《まつ》りました。その石は張良が亡くなったときに、ともに葬られました。

清節家、法家、術家の三材の人たちは、歴史書である『史記』にその名を残すくらいの人たちですので、もちろん皆さんとても優れています。それこそ「一流」です。しかし、

「一流」なのです。一つの面にのみ優れている。

そういう人に国を任せるのは危ういと劉劭は考えます。

国を任せることができるのは、三材をすべて備えた「三流」の人で、それを「国体（国の身体）」と劉劭は呼びました。次章で詳しく見ていきましょう。

第八章

「国の身体」となりうる三流人

国体の伊尹

劉劭が三流人、すなわち「国体」の人物として挙げたのは伊尹《いいん》と太公望呂尚《りよしょう》です。二人とも術家の人と同じく軍師です。伊尹は殷（商）の建国時に湯王《とうおう》を輔《たす》けた軍師、そして太公望呂尚は周を建国したときに武王を輔けた軍師です。

古代中国で最悪の王といえば夏の桀王《けつおう》と殷の紂王《ちゅうおう》です。「桀紂」と呼ばれたりします。二人に共通なのは「酒池肉林《しゅちにくりん》」、そして暴虐さです（ちなみに先述のとおり紂王のほうは、近年の研究ではむしろ名君だったのではと言われていますし、桀王のほうは文字資料が見つかっていないので本当のところはわかりません）。

運命という言葉を有名にした李康《りこう》の「運命論」によれば、「運」がまさに盛んになるときには、必ず「聖明の君（すばらしい王）」が現れ、そして聖明の君のもとには、必ず「忠賢の臣」が現れると言います。二人は互いに求め合ったりしないのに自然に出会い、人から紹介されたわけではないのに自然に親しい関係になる、と。

夏の桀王のときに殷には湯王が生まれ、そして湯王の前に忠臣・伊尹が現れた。殷の紂王のときに周に文王・武王が生まれ、そして太公望呂尚が現れた。

伊尹も太公望呂尚も貧しい出身というのも似ています。では、まず伊尹から見ていきましょう。

伊尹の伝記は『史記』の「殷本紀」と『尚書（書経）』に描かれます。ただ、殷の最初ということで伝説時代です。司馬遷《しばせん》も湯王と伊尹との出会いについては「これだ」という確信が持てなかったようで、二種類の話が載せられています。

一つは、市井にいた伊尹を湯王が人を遣わして召し出したというもの。こちらでは五回目にやっと伊尹がそれを受け入れたと書かれます。

もう一つは、伊尹自身が売り込んだというもの。これが「伊尹負鼎《いいんふてい》」という故事を生みました。

伊尹は、湯王が名君であるという噂を聞いて仕えたいと思っていた。しかし、コネがない。そこで有莘氏《ゆうしん》の娘が湯王に嫁ぐというとき、彼女に付き従う臣下（媵臣《ようしん》）として殷の国に入る。そのときに彼は鼎《かなえ》や俎《まないた》を背負って入り、滋味なる美食を作って湯王に近づき、そして王道を語るようになった。

湯王に会うという大きな望みのために、伊尹は卑しい身分である媵臣に身を落とし、そして料理人として湯王に近づきました。

伊尹が料理人だったと言うと「人は結局は胃袋だよ」などとわかり切ったかのようなことを言う人がいますが、伊尹と料理との関係はそんなに単純なものではありません。『呂氏春秋』という本には、料理と政治との関係が伊尹の言葉として詳しく載っています。

伊尹がどのような戦略を使って湯王を輔けて夏を滅ぼし、そして殷を大国にしたかの事跡は「殷本紀」には詳しくは書かれていません。

じつは伊尹だけでなく太公望に関しても、彼らがどのような方法で殷や周を建国したのかについては詳しく書かれていません。ここが三流の人「国体」の特徴です。それは文字というリニアなツールで書くにはあまりに複雑すぎるのです。

さて、伊尹の事跡で詳しいのは湯王が崩御してからの話です。

湯王が崩御したあと、太子の太丁《たいてい》は位につかないうちに死んだので、太丁の弟の外丙《がいへい》を立てました。外丙も即位三年で崩御したので、伊尹は太丁の子の太甲《たいこう》を立てました。

ところがこの太甲がひどい王でした。暴虐で、かつ見識もない。湯王の作った法も守らず、徳も乱したので、伊尹は太甲を湯王を埋葬した「桐宮《とうきゅう》」の墓所に行かせて、三年間の喪《も》に服させます。

その間は、伊尹が摂政として国事を担当しました。桐宮にいること三年、太甲は「允の徳《まこと》」を身につけました。伊尹は太甲を迎えて政治を譲ると、太甲は徳を修め、諸侯は皆帰服し百姓は安んじました。暴虐な皇太子に「允の徳」を身につけさせる。これが伊尹が軍師でありながら、術家ではなく国体に列せられるゆえんです。伊尹は、これを喜び『尚書』に載る「太甲」訓三篇を作りました。

その中からいくつかの言葉を紹介しましょう。

天は誰か特別な人に親しむということはなく、よく天を敬う者に親しみを持つものです。

民も特別な人を慕うということはなく、仁ある人を慕うものです。

先祖の霊や神霊は誰か特定の人の祈りを受けるということはなく、誠ある者の祈りだけを受けるのです。

天子の位にあるということは難しいものなのです。

惟《こ》れ天に親無く　克《よ》く敬する惟れ親しむ。
民常に懐《なつ》くこと罔《な》く　仁有るに懐く。

鬼神《きしん》常に享《う》くること無く　克く誠なるに享く。
天位艱《かた》いかな。

徳があれば天下は治まりますが不徳ならば天下は乱れます。
治める者（徳ある者）と道を同じくすれば当然のこととして興隆します。
乱す者（不徳の者）と事を同じくすれば当然のこととして滅亡します。
いつも道を同じくする者を慎重に選ぶのが明々の君です。

徳《とく》あれば惟れ治まり　否徳《ひとく》なれば乱る。
治と道を同じうすれば　興《おこ》らざること罔く
乱と事を同じうすれば　亡びざること罔し。
終始厥《そ》の与《よ》にするを慎しむは　惟れ明明《めいめい》の后《きみ》なり。

他人の言葉が自分の心に逆らうことがあったならば、それこそが道ではないかと反省してみてください。
他人の言葉が自分の心と同じだったら、これは道に外れたことではないかと考えてみてください。
ああ、熟慮しなければなにかを得ることはできません。
行動しなければ何事も成し遂げることはできません。

言《げん》、汝の心に逆うことあらば　必ずこれを道に求めよ。
言、汝の心に遜《したが》うことあらば　必ずこれを非道に求めよ。
嗚呼　慮《おもんぱか》らずんば胡《なん》ぞ獲《え》ん　為さざらば胡ぞ成らん。

国体の太公望

国体のもう一人は太公望呂尚です。太公望という言葉が釣り人という意味になっているように、太公望と周の文王との出会いは釣りでした。こちらも伊尹と同じく、いくつかの伝説があります。「斉太公世家」に載るところを紹介しましょう。

呂尚（太公望）は貧しく、老いていた。そこで魚釣りにかこつけて周の西伯（文王）の知遇をもとめたものであろう。

西伯は、狩りに出かけるときに亀卜占いをした。すると「今日の獲ものは竜でもないし、彲《みずち》でもない。また虎でもないし、羆《ひぐま》でもない。覇王の輔（輔佐）を獲るであろうなり」と出た。

西伯は狩りをした。すると太公に渭水《いすい》の北岸で出会ったので、ともに語りあって大いに喜んだ。

西伯が言った。

「我が先君、太公がおっしゃった。『やがて周に聖人が現れ、周は興るだろう』と。あなたこそ、まさにその方でしょう。我が太公は、長い間あなたを待ち望まれておりました」

そこで、呂尚を「太公望」と呼び、車に載せてともに帰り、彼を師と仰いだ。

またこのような話も残っています。

――太公（太公望）は博学・博聞であった。一度紂《ちゅう》に仕えたが、紂王が無道だったので殷――

を去って、諸侯に遊説した。しかし彼を遇する諸侯は誰もいなかった。だから、西のほうに行き、周の西伯（文王）のところに身を寄せた。

次のような話も載っています。

呂尚（太公望）が海浜に隠棲していたとき、殷の紂王によって周の西伯（文王）が羑《ゆう》里《り》に拘禁されていた。このままでは殺されてしまう可能性が高い。呂尚を前から知っていた周の重臣である散《さん》宜《ぎ》生《せい》や閎夭《こうよう》らが呂尚を招いてどうしたらいいか相談した。呂尚は「私も西伯が賢人であることや、よく老人を養うことを聞いています。お助けしましょう」と言い、周に仕えることになった。三人の力で西伯は帰国することができた。

どれが本当かはわかりませんが、いずれにしろ本来は会うはずのない二人が出会う。これが「運命論」の李康のいう「運」です。

太公望らの活躍によって解放された周の文王は、殷の紂王から西方の統治も任され、従わない国の征伐権まで与えられました。それによって「西伯（西の覇者）」という名になりました。しかし、太公望呂尚が文王としたことは……「呂尚と陰《ひそ》かに謀り、徳を修め」（『斉太公世家』）です。

これは「西伯陰かに善を行う」（『周本紀』）とも書かれています。

太公望は周の文王に武力を使うことよりも、まずは徳や善を修めることを教えるのですが、それは「陰かに」でした。殷の紂王にはわからないように徳を修めたのです。

それによって周は徳の国になりました。それをあらわす「虞芮《ぐぜい》の訴え」というエピソードを紹介しましょう（『周本紀』）。

ある日、虞の国と芮の国が争いの裁きを文王にしてもらおうと思って周の国に向かった。周の国境に来ると、耕す人たちはみな畔《あぜ》を譲り、また年長者に譲っていた。虞・芮の人は西伯に会う前に恥ずかしくなり互いに言い合った。

「私たちが争っているのは、周の人たちが恥と思っていることだ。ここで裁きを求めて西伯のもとに行くのは恥の上塗りだ」

そして、互いに譲り合いながら戻っていった。

この話は諸侯にまで聞こえ、みな「西伯こそ受命の君に違いない」と思うようになった。

諸侯にその噂が聞こえるくらいなので、当然、殷の紂王にも聞こえたのではないかと思うでしょう。しかし、耳に痛いことを言う人に対しては怒鳴ったり、ときには殺してしまったりしたのが殷の紂王です。このような噂も、おそらくは耳には入らなかったのでしょう。

西伯である文王は、暴戻《ぼうれい》な国の征伐も行い、やがて天下の三分の二は周に帰属するようになりました。そして太公望の計略によって、殷（商）の政権の転覆をはかるまでになりました。

太公望が関与したのは主に兵権と奇計。なので、後世、軍事や権謀実策を語るものは、皆太公望を祖としていると司馬遷は書きます。術家の張良が手にしたのも太公望の兵法書でした。あの黄石（老人）は太公望の化身ではないかと言う人もいます。

さて、文王（西伯）が亡くなり、その子の武王があとを継ぎました。諸侯たちは武王に「殷の紂王を討ちましょう」と言いますが、武王は「まだそのときではない」と止めます。

その二年後です。

――殷の紂王は王子比干《ひかん》を殺し、また箕子《きし》を囚えるなどして、その暴虐さがピークに達――

した。さまざまな状況がそろい、いざ殷を討つために武王が出発しようとしたところ亀卜の占いでは「不吉である」と出た。しかも途中では暴風雨にもあったので、諸侯たちはみな進軍を怖れてやめようとした。

しかし、太公望が強いて武王に勧めたので、武王はついに軍を進めた。

そして十一年正月甲子《きのえね》、牧野で諸侯と誓い、ついに殷の紂王を伐った。紂王の軍隊は大敗し、紂王は逃げて鹿台に上ったが、追いつめて斬った。

翌日、武王は殷の社に立ち「土」の祀りをし、諸侯たちは鏡を持って月の水を捧げ受け、衛の康叔封が幣帛《へいはく》を供える敷物を敷き、太公望が生け贄を牽《ひ》き、史佚《しいつ》が紂王の罪と紂王を討った次第を祝詞として奏上した。鹿台に蓄積されていた金銭や、鉅橋《きょきょう》に蓄えられていた穀物を貧しい民にふるまった。また、王子比干の墓を整え、獄から箕子を解放し、王の印である九鼎《きゅうてい》を周に移し、善政を行って天下の政を更《あらた》め始めた。これらは太公望の謀《はかりごと》におうところが多かった。

このようにして周の建国を輔けた太公望はやがて斉の国に封ぜられました。

―斉の国に着いた太公望は、まず政治を整え、斉の国のもともとあった習俗に従って―

礼を簡素化し、商業や工業を発展させた。また斉は海辺の国であったので漁業や塩業の利を便にするために整備をした。そのために斉に帰属する人が多く増え、斉は大国になった。

太公望が亡くなったのは百余歳であったと言われています。

「人を見る目」の偏り

『人物志』は、国家に有用な人を知るために書かれた本でした。そのためには人を見る目が必要です。

「一流」の人がほかの人を評価するときには、その人の「類型（流）」の視点から評価するので偏りがあります。

「清節家（道徳家）」の人が人を見るときの評価基準は「正直さ」です。彼の目の前に現れた人が、正直で道徳に優れた人だったら、それを「よい」と評価しがちなのが清節家です。

法律に照らしてどうこう言う人はうるさい奴だと思ったり、人が思いつかないようなことや策略を云々する人はいかがわしい奴だと疑いがちになるのが清節家なのです。

「法家（法制）」の人は「はっきりした決まり（分数）」があることを評価基準とし、策謀や変化を嫌います。ですから、法律を守る人や、きっちりとした人は評価しますが、変化球的な目的達成の案を出す人は評価しませんし、臨機応変な人もダメです。

「術家（謀）」の人の評価する基準は「思慮と謀（思謨）」です。人が考えつかないような策略を思いつくような人は評価しますが、法を守ることの大切さを無視しがちです。

また、三材をすべて備えてはいるけれども器量の小さい「器能」の人の評価基準は「弁」です。

「弁」という文字は、先述のように旧字体では「辨」と書きます。二つに分けるさまを言います。英語でいえば「differentiation」。これには「微分」という意味もあります。人間の認知能力では理解することが難しいことを、理解しやすくすることが「differentiation」、微分です。

「弁」の人は、スッキリしたことが好きで、いわゆるデキる人が多い。仕事ができるかどうか、それを評価基準にするのが「器能」の人です。

彼が評価する人は、問題解決の方法や、それを実現するにはどうやったらいいのかを上手に説明し、そして実行可能なことに落とし込むことができる人です。しかし、その問題の深奥にある原初の意義までたどろうとするような人は面倒な奴だとか、意味のないことをする奴だと無視しがちです。

三材の矛盾と葛藤

評価基準がこのように違うので、各流の人たちは互いに互いを非難し合い、全員が「この人がいい」という一致をみることはありません。同じ類型の人ならば、少しの時間話し合っただけでわかり合えますが、違う類型の人とではどんなに長い時間をともにしてもわかり合うことは難しいと劉劭は言います。孔子が「道同じからざれば相ために謀らず」と言ったようなものです。

一つの「流」の人を「一流の材」と言います。一流の人は、自分と同じ類型の人の「善」を知ることができますが、それ以外は悪だと思ってしまいがちです。

二つの「流」の人は「二流の材」です。二流の人は二つの流（類型）の美を知りますが、それ以外は醜だと思いがちです。

三流の人、すなわち三材すべてを兼ね備えている人にしてはじめて、どのような人材も評価することができます。ですから、あらゆる材能を兼ね備えた人を「国体」、すなわち君主の股肱《ここう》の臣というのです。

国体になるのが難しいのは、三材の各流には矛盾があり、葛藤があるからです。

孔子は君子の道として「忠恕《ちゅうじょ》」を挙げました。

「忠」とは「心の真ん中」を意味する文字です。一度決めたことはどんなことがあっても、それを行う。それが「忠」です。それに対して「恕」とは、他者と一体化する心的能力です。この両者はバッティングすることがあります。

たとえば『平家物語』の平敦盛と熊谷次郎直実《なおざね》の物語。源氏の武将、熊谷直実は船に戻ろうとする平家の武将、敦盛を呼び止め、浜辺で組み合います。力は熊谷のほうが強い。敦盛をねじ伏せ、最後にその首を掻《か》こうと兜《かぶと》を除《の》けて見ると我が子と同じくらいの年齢の若武者。

熊谷の子はこの直前の戦いで傷を負った。我が子が怪我をしただけで私はあんなに心が痛んだ。もし、この子を殺したら、この子の親はどう思うだろうと熊谷は逡巡します。

源氏の武将としての「忠」を通すならば敦盛を殺さなければならない。しかし、この子の親に対する「恕（共感）」もある。このようなときに「忠」と「恕」は相矛盾し、葛藤が起きます。

しかし、孔子は「忠恕」と言った。その葛藤を超えた解決こそが、この問題を超える唯一の道であり、それには正解もないし、マニュアルもない。

「徳」と「法」と「術」もそうです。この矛盾を超えるのに簡単な方法はありません。三材の抱える矛盾や葛藤を解決できるのは、三材すべてを兼ね備えた人だけです。それが三流の人、「国体」の人です。

三材を身につけるヒント

私たち凡夫がそれを身につけるための一助として、第二章で紹介したサイコシンセシスを唱えたロベルト・アサジョーリの「意志」についての考えを紹介しましょう（以下『意志のはたらき』より）。これは徳・法・術を考えるときにもヒントになりますし、三材の矛盾を超克するための練習にもなります。

私たちは「意志」に「強い」という形容詞をつけがちです。しかし、それは意志の一つの側面にすぎません。アサジョーリはこのほかに「たくみな意志」と「善い意志」、そして「トランスパーソナルな意志」があると言います。

強い意志は、三材でいえば「法」に当たります。なにかの目的を達成するときに「よし、やるぞ！」と決めて断固として行う。邪魔が入ってもそれを排除して敢行する。それが強い意志です。

アサジョーリは、強い意志を獲得する演習として次のような方法を提案します。

《意志の感覚を呼び起こす》

強い意志を持っていた偉人の伝記や、内的エネルギーを呼び醒《さ》ますために書かれた本を、ゆっくりしたペースで、集中して、印をつけたり、書写したりしながら読む。

《「無益な」演習》

単純で簡単な小さなことを、正確に、規則的に、持続的に行う。たとえば棒などをリズミカルに動かしながら「私はこのことを自分の意志で行う」と静かに、声に出して繰り返し言う。この演習を毎日、五分ほど行う。数日したら課題を変える。

《意志を強くする身体演習》

意志のために運動（スポーツ）をする。ただし、強すぎたり、疲れすぎたりするもの、興奮するようなものはだめ。一つひとつの動きが生き生きと決断を伴ってなされるものがいい。

《日常生活における意志の演習》

日常の動作、たとえば朝、服を着るという動作を注意深く、すみやかに、しかし急がず行う。キーワードは「静かな敏速さ」。行動する人としての態度と観察者としての態度の双方が必要になる。

アサジョーリは、意志は「**強い意志**」だけではないと言います。私はよく「お前は意志薄弱だ」と言われました。確かに私の意志はこんにゃくほどに弱々です。「そういう奴はなにかを実現するなんてできっこない」と言われます。しかし、アサジョーリは違う。そんな人がなにかを実現しようと思ったら「**たくみな意志**」を使えばいい、と言います。「術家」としての意志ですね。

たとえばここに自動車があります。これを動かすには二つの方法があります。一つは車の後ろに行って力いっぱい押すこと。これは強い意志です。もう一つは運転席に座り、キーを指し込んでモーターを起動させる。これがたくみな意志です。

アサジョーリはたくみな意志を使うためには心理学が有効だとして、さまざまな理論を紹介します。それを読み、自分なりの方法を検討することをアサジョーリはすすめます。これを面倒がって手っ取り早い方法を求める人がいますが、それは逆に遠回りになります。いつまでも車を押しているよりも、時間がかかっても免許を取りに行ったほうが早い。なにかがうまくいかなかったら、同じことを繰り返すよりも、自分なりの方法を発見するのに時間とエネルギーを使うほうがいい。そのほうが結局は近道です。

ですから、ぜひ前掲書をお読みいただき、そして自分なりの「たくみな意志」のさまざまな方法を発見・発明していただきたいのですが、ここでは前掲書でも紹介しているテクニックを一つだけ紹介しておきましょう。

《チュレンヌ方式》

フランスを代表する武将、チュレンヌ将軍は偉大なる勇者という評判を得ていました。ある人がその勇気をほめたときに彼が言いました。

「もちろん私は勇気ある人のようにふるまっています。でもいつでもこわいのです。だから、恐れに身をまかせる代わりに、自分の身体に〈老いた身体よ、ふるえよ。されど歩け！〉と言うのです。そして私の身体が歩くのです」

突然の予期せぬ状況がおこって、そのための時間がないような場合には、身体に対して「あたかも身体はその感情を感じなかったかのように行動する」ように「命令」ができるのです、とアサジョーリは言います。そして、これを「チュレンヌ方式」と呼ぶことにしましょうと提案します。

「あたかも～であるかのようにふるまう」テクニックとも呼んでいます。

さて、強い意志やたくみな意志でなにかを実現する。それはもちろんすばらしいことです。しかし、それがたとえばヒトラーのような意志だったらダメです。

アサジョーリは、ここで大切なのは**「善い意志」**であると言います。「徳」、清節家としての意志です。

三つの意志、このうちのどれにするかを決める必要はないし、決めてはいけない。「強い意志（法）」も「たくみな意志（術）」も「善い意志（清節）」も大切なのです。

まさに三流です。

ちなみにアサジョーリはトランスパーソナル心理学を提唱しましたので、これ以外にトランスパーソナルな意志ということも挙げていますが、それを書いていく紙幅はないので、ご興味のある方はぜひ『意志のはたらき』をお読みください。

第九章

三流的生き方・実践編

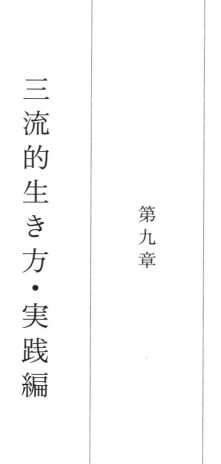

第九章

背水の陣でのさまざまな工夫

本章は、三流のすすめ「実践編」です。

私は才能らしい才能もなく、高校までは勉強もできませんでした。どのくらいできなかったかというと、まず小学校では掛け算の九九を覚えたのはクラスで最後から二番目でした。ちなみに私よりも覚えられなかった子は、知的障害を持っていた子だけ。彼女も私も、六の段以上はかなり怪しい状態で小学校を終えました。

また、高校の最初の試験では、四百数十人いる学年の後ろから二番目。最下位の奴とは五教科で一点差。彼とはずっと親友でした。

人が集まり、順位が付けば、最下位もいれば、後ろから二番目もいるというのは当然のことです。しかし、そのショックは体験をしたことのない者にはわからない。全教科ほぼ〇点なわけですから、期末試験で五〇点以上取らなければ赤点になると脅《おど》される。今は気楽に書いていますが、当時はかなりドキドキでした。

ただラッキーだったことは、両親が子どもの成績にまったく興味がなく、掛け算の九九を覚えられなくても、通知表に「1」があっても、あるいは赤点があってもまったく気にしなかったことです。少なくとも「お前はバカだ」とも「やればできるのになぜやらない」ということも言われませんでした。

自分のペースで、自分の興味のあることをやることができた。それが救いでした。

そんな私が今は本を書いている。共著も含めると四〇冊以上の本を書いています。それもライターの方の手を煩《わずら》わせた本は少なく、ほとんどの本は自分の手で書いています。

また、シュメール神話をシュメール語で上演し、海外公演もしていますし、金沢21世紀美術館から依頼されて泉鏡花の作品を上演したりもしています。その台本も書いています。

なぜ、才能もなく、学校の勉強もできなかったのに本を書いたり、台本を書いたりすることができるのか。

ひとことでいえば背水の陣でのさまざまな工夫です。本章では、どんな工夫をしたかを書いていきます。いくつかの学習法や、本を書いた経緯などを書いていこうと思います。

ただし、これはあくまでも私の方法です。いわゆるハウツー本ではありません。このままマネしても全然うまくいかない人もいるはずです。

それぞれ人によって合う方法が違います。だから、ハウツー本が役に立たないことがあるのは当然なのです。ですから本章では、工夫を生み出すに至った経緯も書くことにします。読んでいただき、自分だったらどういう方法がいいか、それを考えていただければと思います。

シナジー学習法：中国語

最初にお話しするのは、中国語の学習から学んだ「シナジー学習法」です。

語学の学習は三流人の得意とするところでもあり、苦手とするところでもあります。得意なのは積極的なところ。少しでも話せるようになると、発音が下手でも、語彙《ごい》力なんかなくても、恥ずかしさをあまり感ずることなく話せてしまいます。ところが、そこに到達するまでが苦手。語学学校にちゃんと通うこともできないし、テキストを一冊終わらせることもできない。

私もそうです。それなのに中国語を学ぼうと思ったのは、中国を数カ月放浪しようと決めたからです。しかも、**中国人のふりをして**。なんと無謀《むぼう》！

中国人のふりをするには当然中国語が話せなければなりません。しかも、そう決めてから出発日までには三カ月しかない。というか、三カ月前までテキストを買うことすらしなかった。尻に火がつかなければ行動を起こせない。これも三流人の特徴です。

そんな状況で生み出したのが「シナジー学習法」です。これはそれ以降のあらゆる学習に役に立っています。一九八〇年代、三十代の頃です。

中国人のふりをして旅をしたかった理由は二つありました。

一つはディープな中国を知りたかったから。

八〇年代の中国は、外国に対してはその表層しか見せていませんでした。中国に向かう船の中で知り合った人に連れていかれた上海のカフェは、中国の地図にも出ていない路地にありました。そこには、私たち外国人がイメージしていた「貧しい中国」とはまったく違う姿の若者たちがいました。街の人々は人民服を着ています。それなのに彼らは、最新のファッションに身を包み、当時日本でも出たばかりのCDウォークマンで音楽を楽しんでいたのです。

彼らは外国人にはその姿を見せません。本当の姿を知るためには、中国人として彼らと交流しながら旅をしなければならない。それによって、リアルな中国の人たち、とくに若者の生活を知りたいと思った。それが一つの理由でした。

もう一つは安く旅をしたかったからです。

当時の中国には二種類の通貨がありました。中国の人たちの使う「人民幣《レンミンピー》」と、外国人が使う「外匯《ワイホイ》」と呼ばれていた「外貨兌換券《だかん》」です。外匯を人民幣にヤミ両替すれば一〇倍近くになりました。列車に乗るにも外匯で購入する外国人の席と中国人の席とは違う。ホテルも違う。買い物をするところも違う。入場料も違っていました。

そのようなわけで、中国人のふりをして旅をしたかったのです。

私は学生時代には中国文学を専攻していましたが、学んでいたのは漢文です。外国語は論文に必要な英語とフランス語を履修し、中国語は取りませんでした。ただ、中学生のときに北京放送の中国語講座で勉強していて、簡単な文章を読み書きするくらいはできました。しかし、旅行に使えるほどではないし、発音も自己流ですので自信はない。そこで中国語を勉強する必要がありました。

むろん過去の経験から、ふつうの勉強法では習得できるとは思えない。そこで考えたのが「シナジー学習法」です。シナジーとは、いくつもの要素が相互に作用し合って効果を高めることを言います。「独学」を中心に、「対面学習」そして「伝達」を組み合わせたのがシナジー学習法です。

このシナジー学習法は第五章で紹介した『中庸』の五つの方法論の応用です。「対面学習」は博学の「学」、すなわち身体的学び。「独学」は審問と慎思、「伝達」は明弁です。そして、実際に中国を放浪したことが「篤行」なのです。
目標は、北京語言学院が出していた上下二冊の教科書（『实用汉语课本』）を二カ月で終わらせること。対面授業は五回を予約しました。授業時間は各二時間です。カリキュラムは自分で立てました。

最初の授業

《独学：予習》
最初の授業のためにした予習は二つです。一つは上下二冊の教科書に一度ざっと目を通し、全体の構造を知っておくこと。そのために簡単なノートを作ります。もう一つは薄い中国語の辞書を買い、それを最初から最後までざっと読むこと。そして読みながら（1）意味のわかるもの、（2）なんとなく想像がつくもの、（3）全然わからないものを分けて色付けする。

《対面》
最初の対面授業では、発音と基本文法を学びました。発音は徹底的に直してもらいました。それでもできない発音があったので、それは次回までに練習してくることを約束し、次回にそれをチェックしてもらえるようにお願いしました。

教科書は事前に一度目を通してあるので、基本文法は教科書の該当箇所に書いてあるものだけでなく、必要なものはできるだけ多く教えてもらいました。

《独学：復習》

発音練習のために、三駅前で降り、家まで大きな声で発音しながら歩きます。通り過ぎる人からは変な人だと思われますが、通り過ぎてしまうので平気です。また、授業で習った単語や文章は暗記し、さらに自分が使うであろう単語に入れ替えてそれも暗記します。

家では授業で学んだことを復習し、ノートを何冊か作り直します。次の授業の予習も徹底的にします。

二回目の授業

《対面》

二時間の授業では進めるところまで進んでもらいます。授業中はできるだけ質問をしない。録音をしておき、わからなくてもそのまま進んでもらいます。あとで調べたり、考えたりしてわかることを授業中に聞くのは時間のムダになります。考えても、調べたりしてもわからなかったことは次の授業で質問します。

《独学》
授業で学んだことの復習は前回と同じ。予習は一冊目の教科書の半分までやっておきます。

《伝達》
中国語を学びたい友人を見つけ、自分が学んだことを「教える」、それが伝達です。これは一三一頁でも書いたように、語学にかぎらず学習にはもっとも効果的です。ぜひやってみてください。よくわからないこと、教え方の悪いところがあったら遠慮せずに指摘するようにお願いします。

三回目以降の授業

《対面》

前回やったところを暗唱し、チェックしてもらうことと、予習をしていてわからなかったことの質問を中心にします。

《独学》《伝達》は二回目と同じ。

このようにして五回で二冊の教科書が終わり、無事、中国、チベットを旅行することができました。

中国では香港の人のふりをして旅をしていました。たった五回の授業で中国人のふりをして旅ができたのは、中国が地方によって発音がまったく違うことと、当時はマスコミもあまり発達していなかったので標準語（普通話）がまだあまり流布していなかったということも幸いしました。

むろん、何度かバレたこともありました。たとえば、当時の中国では入場料の違いは大人、子どもではなく背の高さで決まるということを知らずに「大人一枚」と言ったことがありました。すぐに「お前はあっち」と外国人用の窓口を示されました。このような失敗を繰り返しながら学習し、楽しく旅を続けました。

外堀を埋める：中小企業診断士試験

次の方法は「外堀を埋める」学習法です。これも一九八〇年代に編みだしました。これを生んだのは中小企業診断士試験の受験のときです。中小企業診断士の試験を受けようと思ったのは、友人の会社を手伝うことになったからです。

その頃の私は、ビジネスに関してはまったくの無知。常務と専務のどちらが偉いかもわからないし、課長と係長の違いもよく知りませんでした。友人の会社を手伝うならビジネス書を読んでみようかと思い、本を買いましたが、開いただけで眠くなる。ビジネスに関しては無知であるだけでなく、興味もなかったのです。

しかし、友人が会社を作ろうとしている。助けなければならない。そこで資格試験の勉強をすれば、少しは身が入るのではないかと思いました。

当時の中小企業診断士試験は、一次試験のほとんどが「二〇〇文字以内で述べよ」という記述式の問題。しかも全八教科で一次試験は二日。二次試験では多変量解析も出ました。独学は無理です。学校に通うことにしました。学校といっても選んだ学校は全八教科の試験に一六回の授業。一つの教科に二回の授業しかありません。

まずは授業前のガイダンスで脅されます。

中小企業診断士の試験は難しい。合格率は四パーセント以下。そして、その合格率でも受験しようとする猛者ばかりなので、これはほかの資格試験でいえば一パーセント以下だろうと。

そして、まずは八教科の教科書を全部暗記して理解せよと言われます。それで三〇パーセントは取れる。次に日経新聞、日経産業新聞、日経流通新聞を毎日読んで、これも理解して覚えればあと三〇パーセント取れる。残りの四〇パーセントはなにか。それは「運」だというのです。たとえば前年度には「通過儀礼」について記述する問題が出た。これは教科書にも日経にも出ていない、と。

そこまで脅されたら、もうやるしかありません。授業が始まるまでに数カ月ありました。ビジネス書を読みました。ここまで気合が入っているのですから、以前と違って眠くはならないだろうと思いましたが、やはりダメ、撃沈でした。易しい本はどうかと思ったのですが、もともと興味がないので同じです。そこで「外堀を埋める」作戦に行き着いたのです。

本丸に攻め込もうとしても、そこに深い堀があれば落ちてしまう。だから、まずはそこを埋める。

第五章の「尽心」で吉田松陰の言葉を紹介しました。人にはそれぞれ力の差があります。興味や得意・不得意も違います。どうやったら自分ができるのか、それを考えて実践するのが「外堀を埋める」作戦なのです。

ビジネス本は寝てしまうので、なんとかしようと最初に手にしたのは『マンガ日本経済入門』でした。マンガだから大丈夫だろうと思ったのですが、まったく歯が立ちません。次にこれをアニメにした『マンガ日本経済入門』を見ましたが、これも最初の一本で降参。

これは堀の埋め方が間違っていると気づいて、まったく違うアプローチをとることにしました。まずは自分の中にビジネス・マインドを培おうと思ったのです。それも受動的方法から始めて、能動的方法に向かう。

受動的方法というのは、こちらがなにもしなくても勝手にあっちがやってくれる方法です。たとえば映画やドラマです。

まずは邦画、洋画を問わず、当時出ていたビジネス映画、ビジネスドラマを片っ端から見ました。十数本見ているうちになんとなくビジネス的感覚が身についてきました。

それから能動的方法、すなわち読書に挑戦です。といっても、ビジネス本はまだ早い。最初は経済界やビジネス界の人物を主人公にした小説を読みます。フィクションのものから徐々にノン・フィクションのものに進んでいきます。今だったらマンガもいいですね。

そうすると、かなりのビジネス・センスが身についてきます。ここで、かつて挫折したアニメとマンガの『マンガ日本経済入門』にもう一度挑戦しました。すると、わかる、わかる。そして眠くならない。その勢いでビジネス本も数冊読んで、授業の初日を迎えました。

むろん、そのくらいで授業がわかろうはずもありません。あれだけ脅されて、それでも学ぼうという同級生は税理士や銀行員が中心の精鋭クラス。最初の試験では後ろから二番目でした。先生からは「この成績で試験に合格した人は今までいない」とまで言われました。「今までいない」のならば最初の一人になればいいし、これは最初から予期していたことなので平気です。

最初に「できない奴」だと思われると、どんな質問も恥ずかしくないのです。これには第三章で紹介した「おけらの精神」です。「自分はおけらだ」と思うことによって、ほめられようともしなくなるし、そしてそしられても気にしなくなります。そうなると、人生かなり楽になります。

授業が進み、試験直前になると最初は五〇名ほどいたクラスのメンバーも半分ほどに減り、一次試験に合格したのは私を含めて四人でした。

この学習過程でも、前項に書いたシナジー学習法は使っています。授業で習ったことを友人に話しました。彼からの疑問は自分で調べたり、先生に聞いたりしました。また、「外堀を埋める」作戦以外にもいくつかの作戦を使いました。それらを簡単に書いておきましょう。

【店舗施設管理（当時）】という試験では「身体を使う」という方法を使いました。この試験では、実際に店舗の設計をするという問題が出ます。そのためにふだんから、お店に行ったらそこの店舗を診断するというクセをつけました。

店に入ると自分の身体、たとえば足の大きさや足幅、手の長さなどを使って店舗の計測をします。あとで平面図を書くためです。立地と駅からそこまでの客の流れを解析し、近くの不動産屋さんで、賃貸料の相場を尋ねます。何度か通い、時間ごとの客の出入りをチェックし、メニューと客の注文から売上を計算し、バイト料、光熱費、材料費などを予測して、利益も計算する。

与えられた資料がなにもない状態でも、身体を使って店舗を診断する。そのようなクセが身につきました。

ちなみに私が受けた試験では「DCブランド（一九八〇年代にブームとなった日本のアパレルファッションブランドの総称）ショップ」の店舗設計が出ました。ふつうの店舗設計のルールとはまったく違う店舗で教科書にも出ていなかった問題なので、戸惑った人が多かったようです。一緒に学んだ方は、DCブランドを知らず、CDショップを設計して落ちてしまったと話していました。

【財務管理】は、財務諸表を使って、その店舗の資産状況などを診断するというものです。ビジネスにまったく関与していなかった者にとってはもっとも苦手な教科でした。そこではあとでお話をする「他人のふんどしで相撲を取る」作戦です。財務が得意な同級生から教えてもらいました。第二章（四四頁）で述べた、まさに「友人の助け」ですね。

【販売管理】はマーケティングの教科。これは、学んだことを実際のビジネスの場で応用してみるということをしました。そして、役に立つことと立たないこと、アレンジしたほうがいいことなどを考えました。そのままを鵜呑《うの》みにしない批判的学習法です。

運・縁・勘：インターネット

ここからは本を書いたときの話を書いていこうと思います。

私は能楽師ですが、能の本や古典の本以外にも何冊かの本を書いています。若い頃は、自分が本を書いているということを師匠や能楽界に知られたくなかったので、ペンネームで書きました。その頃書いたのはエイズ（ＨＩＶ）の本、風水の本、３ＤＣＧの本、ゲームの攻略本、インターネットの本などです。

これらの本の多くは一九九〇年代に書きました。そのときに執筆を助けてくれたのがインターネットです。そこで、まずはインターネットとの出会いからお話しすることにします。

私がインターネットに出会ったのは一九九一年です。その頃、日本でインターネットに触れていたのはごく一部の人だけでした。

その三年後（一九九四年）にYahoo!が設立され（Googleの設立は一九九八年）、『インターネットマガジン』が創刊されました。インターネットといってもブラウザはMosaicのみ。ほとんどがテキストベースでのやり取りでした。

日本でインターネットが爆発的に広がったのは一九九六年。「インターネットエキスポ'96」が開かれ、坂本龍一さんがインターネット・ライブをしたりしました。私が作っていた、能や甲骨文のホームページが『インターネットマガジン』に紹介されたのも、この年です。

さて、その五年前になぜテクノロジーの専門家でもない一介の能楽師がインターネットに出会い、使うようになったのか、それは「運・縁・勘」のおかげでした。

一九九一年は、ハワイ島で皆既日蝕があった年です。その日蝕に捧げるイベントに参加するために、ハワイ島を訪れました。この一九九一年という年に皆既日蝕のイベントに参加したということ、これが**「運」**です。じつはこの数年前には、能も教員もやめていたどん底の時期があり、一九九一年頃はそこからの回復途上の時期でした。

「運」というのは、「辶（しんにょう）」が付くことでもわかるように、大きな時の流れを言います。本来は王朝の盛衰を言うための言葉ですが、人生にも大きな流れとしての「運」があります。商品や企業のライフサイクルも「運」です。人力でどうにかしようとするには大きすぎる力です。

そのイベントのことはほかでも書きましたので、ここでは書きませんが、イベントが終わった翌日のことです。フライトの都合で一日空いたのでオプショナル・ツアーに参加しました。ラヴァ・チューブ（溶岩洞）を巡るツアーで、英語によるオプショナル・ツアーでした。

そのときに観光バスで隣に座った人と話が盛り上がりました。前日の皆既日蝕の話から、アンドルー・ワイルの『太陽と月の結婚』の話、そしてチャールズ・タルトの『Altered States of Consciousness（変性意識状態）』の話。さらにはユングの共時性と『易経』の話まで、

初対面の人とは思えないほどの会話のはずみようで、自分が（苦手な）英語で話していると
いうことすら忘れていました。

そのうちに彼が「うちのベース（基地）に遊びに来ないか」と誘ってくれました。彼は、
アメリカ空軍の中佐だったのです。

そこで見せてもらったのがインターネットでした。

インターネット上の地図を指さしながら「かりにここが爆撃されても、情報はこのよう
に共有されているから大丈夫」などと教えてくれ、インターネットの現状や可能性、そし
て日本に帰ったらCompuServe経由で接続する方法などを教えてくれました。

英語のツアーに参加したこと、彼が隣に座ったこと、興味の方向性が似ていたことなど、
すべて偶然です。**「縁」**です。しかし、それに参加しようと決めたときに感じたこと、彼と
話す話題の選択など、そこには**「勘」**による意志がはたらいています。

この頃から「運・縁・勘」について考えるようになり、今ではそれを研究する会を主宰
しています。

身軽な行動：風水の本

それでは本の話をしていきましょう。

前述したように、私は今まで四〇冊以上の本を書いています。能や古典の本を書くのは能楽師なので当たり前ですが、エイズ（ＨＩＶ）の本、風水の本、３ＤＣＧの本、ゲームの攻略本、インターネットの本などはなぜ書けたのかと、よく聞かれます。ここでは、それらの本を書くに至った経緯や方法についてお話しします。

私が書籍の執筆に関わった最初は、第一章でも触れた漢和辞典でした。二十三歳か二十四歳の頃です。

当時はすべて手書きでした。その大変さに「ものを書く」ということがほとほといやになり、そして自分には研究という緻密な世界は合わないと思い知ったので、「もう二度と本を書くという気は起こさないようにしよう」と心に決めました。

ところがその十年ほど後にまた本を書く機会がやってきました。知人がＨＩＶに感染し、彼をサポートするために作ったＮＰＯに、横浜市で配布するエイズのパンフレット執筆の依頼がきました。それを書いたのをきっかけにもう一冊エイズの本を執筆し（共著）、また文章を書くようになりました。

そんなある日、友人から「香港風水戦争を知っているか」と尋ねられました。香港風水戦争とは香港上海銀行と中国銀行香港支店との風水戦争です。一九八五年に建設された香港上海銀行ビルが、中国銀行を見下ろす形になっていて、風水的におおいに問題がある。そこでその五年後、中国銀行は風水で香港上海銀行を攻撃するような形のビルを建てたのです。すると、それにまた対抗して香港上海銀行が風水的にビルを建てるという、六年間にわたる風水戦争が行われていました。

当時、日本では風水は一般にはほとんど知られておらず、荒俣宏氏や加門七海氏が紹介する程度でした。

「このままではいい加減な風水が流行る。お前は中国文学出身だろう。風水の本を書けないか」という依頼でした。

中国文学（古代哲学）を学ぶ者は、確かに『易経』は読みます。しかし、風水は勉強したことがありませんでした。

しかし、私の唯一の長所と言ってもいいところは「**行動が早い**」ということ、そして、よほどのことがないかぎり、友人の頼みは「**断らない**」こと。これは第四章で紹介した孔子の「不惑」の教えです。意識して自分の制限を外して、いろんなことをやっていくのです。

この本はそんな私の「身軽な行動」から生まれました。

まずは、香港に飛び、くだんの建物を調査します。それから香港の書店に行き、風水関連の本を買ったのですが、まだまだ足りない。そこで中国本土と台湾にも行き、そこで目についた風水関連の本を買いまくりました。韓国も風水は盛んですので、韓国にも飛んで韓国語で書かれた風水の本も買いました。一九九〇年代初頭は韓国でも漢字で書かれた本がたくさん出ていたので、韓国語を知らなくても、だいたいわかりました。

そして最後は再び台湾に行き、風水師が開講している風水の講座を受講し、そのとき学んだことをもとに本を書きました。

書いたのは『風水プラクティカルガイド』という CD-ROM がついている本です。このCD-ROM は Director というソフトで作りました。これをコンピュータにインストールすると簡単な電子羅盤が作れます。八宅《はったく》風水というもので、男女別の生年月日、そして家の間取りによって吉凶を計算します。吉凶といっても、よい、悪いという単純なものでなく八つのメタファーで出てきます。それをどう読み解くかは風水師とクライアントに任されます。そして、それに対してなにを置いたらいいか、どうしたらいいかということを考えるのですが、それもメタファーです。

実際に羅盤（最低二種類）を使うときには、『易経』の知識や、日本や中国の古典に現れる古代の占星術の知識も必要になります。さらに方位も三八四度。これだけでもかなり複雑ですが、もっとちゃんと学べばさらに複雑になるそうです（そこまでは学びませんでした）。台湾で師事した風水師は日本をよく知る人で「日本では風水は流行らないだろう」と言っていました。なぜなら「中国人は複雑さを好むが、日本人は単純さを好むから」と。師の予言に反して日本でも風水が流行りましたが、日本で流行った風水は「西になにを置けばいい」という、風水というよりは家相、地相です。

また、この本を書くときにはインターネットも活用しました。取材と執筆は一九九三年から九四年にかけてでしたが、前述した米軍の友人にインターネットを教わったあとでしたので、ハワイ、ピッツバーグ、アリゾナに住んでいる友人からいろいろな資料をインターネット経由で送ってもらいました。

すでに能に復帰していた時期ですので、こんな本を書いたことが師匠に知られると叱られるのでペンネームで書きました。名前は「魚躬辰《うおのみたつ》太《た》郎《ろう》」。編集の方から「ちょっと格好つけすぎですよ」と言われたのですが、これは祖父の本名です。

他人のふんどし：3DCGの本

次に書いたのは3DCGの本です。

風水の本を出した出版社が「LightWave3D」というソフトのマニュアル本を出そうと動いていました。これも3DCGが一般的ではなかった一九九〇年代の話です。

映画『タイタニック』やテレビシリーズの『スタートレック』のCGがこのソフトで作られていました。『スタートレック』は毎週放送があるので、CGも毎週作らなければならない。このLightWave3Dは毎週の放送でも作れるくらいに簡単にCGが作れるという当時としては画期的なソフトでした。日本では『ウゴウゴルーガ』というテレビ番組のCGがLightWave3Dで作られていました。

このソフトは単体で購入する人もいましたが、高価なキャドソフトを買うとバンドルされていて、それで持っているという人も多くいました。ところがキャドソフトの使い手にとっては、3DCGソフトは使い勝手が違うので、使う人が少なかった。

それならニーズがあるのではと、その出版社でずっと書いていた方がいらっしゃったのですが、その方があきらめたので風水の本を書き上げた私に話がまわってきました。

私は3DCGソフトなど触ったこともないので、最初は断りました。しかし、編集の方から「これは初心者のための本なので初心者が書いたほうがいいんです」と言われ、なんだかだまされたような感じで引き受けることになりました。

また、当時私はMacユーザーでしたが、このソフトはAmigaとWindows版しか出ていなかったので、「AmigaかWindowsのPCを買ってくれるんだったら書いてもいいですよ」と言ったら、WindowsのPCを買ってくれたのでもう引き返せなくなりました。

もう一年も遅れている本なので、時間もあまりありません。そこで取った方法は「他人のふんどし」作戦です。

「他人のふんどしで相撲を取る」というのは、人の力やモノを利用してなにかをゲットするということで、あまりいい意味では使われませんが、しかしこれは進んで使うべき方法だと思います。それができれば、自分一人では到底できないことも可能になります。

ただ、どんなふんどしでもいいというわけではありません。

まずはそのふんどしが自分に合っているかどうかが大切です。どんないいふんどしでも、自分に合っていなければ相撲は取れません。いかにそのソフトに精通した人でも、その人が自分に合っているかどうかをまずは見定める必要があります。

また、ただ借りっぱなしはダメです。その人にちゃんとお返しができるかどうかも大切です。そのお返しは金銭的なお返しもあるでしょうが、違うお返しもあります。三流の人は人間関係が広いことが多い。使えるふんどしを持っている人をたくさん知っている。だから、三流の人にとって「他人のふんどし」作戦はぴったりなのです。そういう意味でも、三流になるためには人間関係はとても大事です。むろん、「他人のふんどし」を頼むだけではなく、自分でもできるかぎりのことはします。

3DCGの本では、まずこのソフトに関する本で手に入るものはすべて入手しようと決めました。日本語の本はまだ出ていなかったので洋書です。

日本のサイトで洋書を買うことはまだまだ簡単ではなかった時代でした。まずはハワイに飛び、書店をまわってこのソフトに関する本をすべて買いました。なぜハワイかというと、ハワイに住む友人にも手伝ってもらうためです（あと、ついでに遊んでくる）。購入した本を彼に見せ、「この類書が出たら、なんでも買って送ってくれ」と頼みました。また、アメリカの書店にインターネットでアクセスして、ハワイになかった本を買いました。

「全部買うならば最初からネットで買えばいいじゃないか」とも思いますが、やはり中身を見て買うのと、タイトルだけで買うのとは違うのです。

さて、準備が整ったところで「他人のふんどし」作戦開始です。

友人が、ちょうどぴったりな人を紹介してくれました。『ウゴウゴルーガ』で殿様のキャラクターを3DCGで作っていた秋元きつねさんです。きつねさんは「がんばれまさおくん」という2Dアニメも作っていて、私はこの大ファンでした。

きつねさんのキャラクターに「せがれ」というのがあります。とてもシンプルでかわいいキャラクターです。

これから作る本は、この「せがれ」を作るのを最初の目標とする。そして、この「せがれ」が歩いたり、走ったり、空を飛んだりする。さらに「せがれ」と自分が撮ったビデオを合成して、それをテレビに出力する。そんな本にしようと決めました。今でこそ簡単にできますが、当時は自分が作ったCGをテレビで見ることができるなんてアマチュアには夢のような話でした。

さて、まずは「せがれ」を作ること（モデリング）から始めます。

秋元きつねさんに目の前で「せがれ」を作ってもらいます。今だったら動画を撮ったりするでしょうが、スマホなどはない時代です。その手順を手書きでメモします。そして、家に帰ってその手順メモを見ながら自分で作ってみる。

わからないところがあったら、次の日にきつねさんに聞く。そして作ってみる。そういう作業を繰り返して、ソフトをまったく触ったことがない人でも「せがれ」が作れるようになる。それが第一の段階です。

同じように「せがれ」を動かす。自分が撮ったビデオと合成する。テレビに出力する。そのようにして本ができました。

当時、このソフトは一万本くらい世に出ていたのですが、本は一万五〇〇〇部売れました。それで第二弾、サーフェイス編も出しました。

ちなみに秋元きつねさんへのリターンは、きつねさんのバンドの録音に私が声で参加するという「からだで返す」という方法でした（残念ながら秋元きつねさんは二〇一四年に他界されてしまいました）。

よっしゃ、やったる！：ゲームの攻略本

3DCGの本を書いたことで、いろいろな世界が広がりました。その一つにゲームの攻略本の執筆依頼がありました。

これも一九九〇年代の話です。当時はゲーム本体も、その攻略本も数十万部売れました。

頼まれた攻略本は初版が二五万部でした。今では信じられない初版部数です。

これも友人からきた話です。ゲームの攻略本の編集者をしていた彼が担当しているライターが逃げてしまったというのです。ゲームの発売は決まっている。なんとかしてほしいという相談でした。

3DCGの本を書いたといっても、ゲームというものをほとんどしたことがありません。しかし、まったくやったことがない分野でもなんとかなるということは3DCGの本で身をもって知りました。

そして、友人の頼みは断らない。「よっしゃ、やったる！」と引き受けました。第二章で紹介した「ホモー・スム」、自分に無縁なものなど世の中にないのです。

この本ができたのは、この「よっしゃ、やったる！」です。

三流人の特徴の一つに「おっちょこちょい」というのがあります。悪く言えば軽薄、尻軽。よく言えばあとさき考えずに行動する。あ、よく言ってないか。

どちらにしろ、安請け合いしやすい。そして、引き受けるときにグダグダ言わない。

人からの頼みを引き受けるときにグダグダ言う人がいます。それは失敗したときのためのエクスキューズでしょうか。そういうものはいりません。**引き受けるなら気持ちよく引き受ける。断るならスッパリ断る。**

グダグダ言う相手には、「もうお前には頼まない」と言いたくなります。まずは引き受けて、それからどうするかを考える。あとはシナジーと他人のふんどしです。

ゲームの攻略本でふんどしを貸してくれたのは、まずは担当の編集者。最初に携わったゲームの攻略本は時間がなかったこともあり、彼がすべてゲームを攻略してくれて、私がそれを書くという分担をしました。

確かに攻略は彼がしてくれましたが、それでも確認しながら書かなければならない。たとえば「ここでBボタンを三回連打すると隠れていたものが現れる」などというのがある。しかし、ゲームをしたことがないので連打が下手。現れるはずなのになにも起きない。それを助けてくれたのは就学前の娘でした。彼女が連打するとちゃんと現れる。「立っている者は親でも使え」と言いますが、困ったときは娘でも使え、です。

せっかく私が書くのだからと、攻略以外の読み物の部分も気合を入れて書きました。ゲームの攻略本は合計三冊書きました。

快楽に変換作戦：古代語

３ＤＣＧやらゲームの話が続いたので、次に人文系の本の話に移ります。『イナンナの冥界下り』という本を書くに至った経緯についての話です。

この本を書いたのはシュメール神話である同作品を上演したことがきっかけです。その前には本神話が書かれる言語であるシュメール語を学びました。まずはシュメール語を学んだことについてお話ししましょう。

きっかけは神話への興味です。

月刊『言語』（大修館書店）に「神話する身体」という連載を一年間しました。『古事記』を中心に、日本の神話を身体という観点から読んでいこうという連載でした。二〇〇八年のことです。

その連載が終わったときに書籍化の話をいただきました。しかし、「神話する身体」と銘打っていながら、日本神話以外をほとんどちゃんと読んだことがありませんでした。そこでまずはギリシャ神話を読もうと、アテネ・フランセに通って古典ギリシャ語を学びました。

ところが学び始めて知ったのですが、私たちの知っているギリシャ神話のほとんどがギリシャ語で書かれていない。ラテン語で書かれています。ここでラテン語を学んでもよかったのですが、古典ギリシャ語を学び始めると『新約聖書』が読めることに気づいて、途中から『新約聖書』を読み出しました。

ここら辺から古代の言葉を学ぶことが、かなり楽しいと気づき始めました。専門家になろうとして学んでいるわけではないので、気楽なもんです。気楽に古代の言葉を学ぶ者にとって楽なのは単語をちゃんと覚えなくてもいいということです。

会話をするわけではありません。いざとなれば辞書を引けばいい。もちろん「これ」とか「なぜ」とかの機能語は覚えたほうが読むのが楽になります。しかし、それだって百数十覚えればなんとかなります。大学受験のときのようなあの苦労はない。機能語以外の単語は、読んでいるうちになんとなく覚えていけばいいのです。

それに『聖書』や『イーリアス』(ホメーロス)、あるいはプラトンの著作などはインターリニアといって単語の下に英語が書いてあるものが出ています。それを手がかりに読んでいけばいい。

ギリシャ語で福音書を読んでいくと、今度は『旧約聖書』を読みたくなります。こちらはヘブライ語です。

ヘブライ語は、近所のイスラエル料理のお店のマスター（イスラエル人）に教えてもらうことにしました。食事をしながら「ヘブライ語を教えてくれる？」と聞いたら快諾してくれました。彼は現代ヘブライ語を教えてくれようとしましたが、こちらが学びたいのは『聖書（旧約聖書）』であると告げて、そちらを教えてもらうことにしました。現代ヘブライ語だと単語を覚えなくてはいけなくなるので負担が増えます。

ヘブライ語はなかなか手こずりました。

彼はヘブライ語ネイティブです。こちらが「そこはどうしてそうなるのか」と尋ねると「そうなるからそうなる」となんともつれない。考えてみたら、私たちが外国人に日本語を教えるのも、そう簡単ではありません。

そこでヘブライ語の文法の本を何冊か買って、それも併用しながら学びました。

それでも、ギリシャ語のときのようにすっきりとは入ってきません。それ以前にヘブライ文字自体がストレスでした。一人で読んでいるときには読めても、授業中に読まされると汗をかいたりもしました。

これはまずい。そこで**「快楽に変換」作戦**を使うことにしました。

たとえば英語が苦手な人がいるとします。その人が英語に接すると、不快な感じを得ます。それを快感に変える、それが「快楽に変換」作戦です。

なにを使うと快楽に変わるかは人によって違います。私は歌でした。ふだんから歌は好きです。能の謡でもカラオケでも歌っていると快楽物質が滲み出てくるのを感じます。そこで『聖書』は続けながら、同時にヘブライ語の歌も教えてもらうことにしました。

最初に教えてもらったのは『イスラエル国歌』です。音数も七五調、メロディも日本の歌に似てなじみがあります。それから第二の国歌といわれる『黄金のエルサレム』。そして、『ドナドナ』や『ナオミの夢』。また『聖書』の詩編なども歌いながら、文法を教えてもらい、単語も学びました。ギターやピアノも持ちだしての楽しい授業です。

歌なので、いつでも復習ができます。歌詞を書いた紙片をポケットに入れて、歩きながらも歌っていました。そして机に向かえば歌詞を書いてみる。いつの間にかヘブライ文字もヘブライ語も快感に変わりました。

そのうちに『聖書』についている記号は朗誦のためのものだということも知り、『聖書』そのものも朗誦するようになりました。そうすると『聖書』を読む（朗誦する）という行為そのものが快感に変わってくるのです。

さて、ヘブライ語を学び始めると、この言語のもとになった言語がアッカド語であるということがわかってきます。アッカド語といえば『ハンムラビ法典』が確かアッカド語で書かれていて、文字も楔形文字《くさびがた》であるということを、高校時代に読んだ中公新書の『楔形文字入門』（今は講談社学術文庫所収）で知っていました。

そこでアッカド語を学べるところを探してみると東洋英和女学院の社会人講座にアッカド語がありました。アッカド語はヘブライ語と同じセム語系なので文法が似ています。

アッカド語を学び始めると、さらに古い言語であるシュメール語というものがあることを知り、それも学び始めました。教えてくださったのは高井啓介先生。先生の授業では、実際に粘土板に楔形文字を刻んだり、楔形文字と漢字との関連のお話があったりと、学生時代に甲骨文字や金文を学んだ私にはとてもおもしろく、授業にどんどんのめり込んでいきました。

そして、ある年の講座で『イナンナの冥界下り』を読むという話になりました。『イナンナの冥界下り』は、ユング心理学選書の『結婚の深層』（A・グッゲンビュール－クレイグ）で知っていました。それをシュメール語の原文で読める！

嬉しい。

そして読んでみるとおもしろい。日本神話のイザナギの冥界下りや、ギリシャ神話のオルフェウスの冥界下り、デーメーテール讃歌にも通じます。

それになんといってもシュメール語は文法や音韻が日本語に似ています。

そこで、声に出して謡いたくなったのです。

謡ってみると音律がこれまたすばらしい。中国や西洋の詩のような脚韻や頭韻といった押韻ではなく、日本の和歌のような内的韻律があります。そこで高井先生に監修をお願いして『イナンナの冥界下り』を上演するというプロジェクトを立ち上げました。

陽気な仲間：イナンナの冥界下り

『イナンナの冥界下り』は、初演から日本国内で二十数回の上演を繰り返し、アーツカウンシル東京の助成も得てロンドン（イギリス）やヴィリニュス（リトアニア）でも上演しました。

この作品が、こんなにも多く上演の機会を得、また五年以上も続けてこられたのは、シュメール語の高井啓介先生のご助力、初演の会場を提供してくださった那須の二期倶楽部のご厚意、そしてメンバーたちの気楽さがあります。

高井啓介先生は上演に向けての台本の制作へのご助言だけでなく、広く一般に向けたシュメール語講座の開講をしてくださったり、演出のお手伝いまでしていただきました。高井啓介先生がいらっしゃらなかったら、この作品は形にならなかったでしょう。

また、『イナンナの冥界下り』を最初に上演したのは二〇一五年、那須にあったホテル、二期倶楽部（北山ひとみ社長）で開かれていた山のシューレの「開き舞台（オープニング・パフォーマンス）」でした。

二期倶楽部は、作家の渡辺淳一氏に「一度は泊まりたい日本の宿」と言わしめたホテルでしたが、いわゆるセレブ臭さがまったくない、清涼な水のようなすがすがしさのあるホテルでした（現在は、やはり那須にあるアートビオトープがそれを継いでいます）。

山のシューレは、二期倶楽部で毎夏開かれていた学びの場でした。谷川俊太郎さんの詩の講座があったり、坂本龍一さんがふらっと遊びに来たりするような場で、私も毎年講座をいくつか担当していて、内田樹さん、森田真生さん、いとうせいこうさんらと対談をしたりもしました。

その学びの場にはオープニングを飾る「開き舞台」があり、成功、失敗を気にせず、今までにしたことのないことをすることが許されていたので、毎年実験的な公演をしていました。

シュメール語による作品の上演なんて、おもしろいかどうかもわからない。しかし、山のシュ一レの開き舞台は実験が許される場だったので、『イナンナの冥界下り』はここで初演をしました。初演にはいとうせいこうさんやヲノサトルさんも観に来てくれました。シュメール語の先生である高井先生も一番前でご覧になっていて、シュメール語を一つ間違えたことをあとで指摘されたりもしました。

この公演で好評を博したので自信を得て、これまで公演を続けてきましたが、それができた大きな要因がこのチームの気楽さです。こんなことを書くと「それは違う」というメンバーがいるかもしれませんが、チームの全員が三流なのです。

第八章でも紹介しましたが、孔子は「道同じからざれば相ために謀らず」と言いました。一流の人と三流の人は、どうも「道」が違うようで、なかなかうまくいきません。

精神科医の老松克博氏は、それを深層心理学的な立場から「人格系」と「発達系」という切り口で説明します（『人格系と発達系——〈対話〉の深層心理学』）。

「人格系」のあり方は、将来を思い悩んだり、過去を悔やんだり、あれこれの葛藤を抱えながら生きることを特徴とし、極端になれば人格障害と呼ばれますが、こちらが日本人の大多数で、いわゆる「ふつう」の人だと老松氏は言います。

それに対して「発達系」のあり方は、目の前のことに熱中していて、ほとんど葛藤しないことが特徴。衝動的で、ほどほどを知らない。極端になれば発達障害と呼ばれますが、そこそこの程度なら健常者で、ユニークな少数派です。

誰もがこの両側面のブレンドですが、人格的な側面が目立つ人格系の人たち、発達的な側面が目立つ発達系の人たちがいて、その対立は学校や職場におけるいじめに典型的に見ることができるといいます。

人格系から見ると発達系は「空気が読めない」、「場を乱す」、「まわりを傷つける」と非難したくなるし、発達系からすれば人格系は適応を過剰に気にしていて、細かいルールばかり押しつけてくるので、「人間の無垢な魂をないがしろにするな」とでも言ってやりたくなる。なかなか理解し合えない両者です。

もちろん、お互いを理解することも大切ですが、しかし孔子の言うように一緒になにかをするのは極力避けるというのも一つの手です。

チームの最初のメンバーの中には「一流」の方もいましたが、いつの間にか今のメンバーになりました。いとうせいこうさんが、このメンバーのことを私の名前を取って「ノボル一座」と呼んでいたのですが、メンバーのいい加減さがラテン気質だということで、自身もメンバーの一人であるヲノサトルさんが「一」を「ー（長音）」に読んで「ノボルーザ」と言い出しました。

このメンバーの最大の強みは陽気であることです。第三章でも紹介したように、危機に直面するとヲノサトルさんが「おもしろくなってきたぜ」と呟きます。いつの間にか、この「おもしろくなってきたぜ」を全員が言うようになりました。

忘れものをしても誰も責めない。その場にあるものでなんとかします。遅刻も平気です。本番に間に合わないような遅刻が生じた場合でも、ヲノさんが「おもしろくなってきたぜ」と呟き、その場で台本を書き換え、それをまたおもしろがって演じます。

なにがあっても笑ってこなす。

だからといって全員が忘れものをしたり、遅刻をしたりするわけではありません。ちゃんと時間通りに来る人もいるし、忘れものをしない人もいる。でも、ほかの人を責めたりしません。三流的マインドを持った人たちです。

ちなみにノボルーザは団体行動が苦手です。どこか遠くで公演があるときでも、一緒に新幹線を取ったり、飛行機を取ったりしません。各自バラバラに行って、公演会場で会います。さすがに海外公演は全員一緒に行くだろうと思いますが、そんなことはありません。早く行ける人は早く行って遊んでいます。

上演時の演出もそうです。一応、私が主宰ですが、いわゆる演出はほとんどしません。だからといって話し合いもしない。みんな自分が思うようにやって、それでいい感じになる。第八章の最後に紹介した「強い意志」「たくみな意志」「善い意志」を、各自が適当に使っていると言えるかもしれません。

これを孔子は「和（龢）」と言いました。違う音の楽器が自由に音を出しながらも調和している。それが「和（龢）」であり、聖徳太子も重視した徳目です。

そして、メンバーも固定しない。抜ける人もいれば、入る人もいる。そのゆるさが三流チームであるノボルーザの特徴であり、気楽さです。

おわりに

最後までお読みいただき、ありがとうございました。

本書は、「三流になりましょう！」ということをおすすめする本ですが、本当は「自分が三流であることを認めてしまいましょう」というセルフ・カミングアウトをすすめる本でもあります。カミングアウトといっても、他人にそれを表明する必要はありません。「自分は三流かもしれない」、「いや三流だ」、と自分で自分を認めてしまえばいいのです。

そうすると楽になります。そして、どちらの方向に行けばいいのかもわかります。

ロルフィングというボディワークをしていたことがあります（今はしていません）。ロルフィングはアメリカ生まれの整体のようなもので、全一〇回で全身の筋膜にアプローチします。ロルフィングのすごいところは長持ちするということです。ロルファーの田畑浩良《ひろよし》さんから私が施術を受けたのはもう二十年以上も前になりますが、それ以来、一度も受けていませんし、ほかの整体やマッサージなどが必要となるほど体がつらくなることもありません。

むろん、ロルフィングは魔法の施術ではありません。

ロルフィングを教えてくれた先生は次のように言っていました。

「ロルフィングでは施術者はほとんどなにもしていない。クライアントがあの扉から入って来て、あの扉から出て行くだけだ」と。

これはとても重要なことです。扉から入り、扉から出て行く。その移動距離はほんのちょっとですが、方向がまったく違うのです。それまでの体の使い方と、ロルフィングを受けたあとの体の使い方とでは、その方向性がまるっきり逆になります。それまでの体の使い方は、自分の体を疲れさせてしまう方向を向いていました。それが、ロルフィングを受けたあとは、元気になるような使い方に変わったのです。ロルフィングの施術者がするのは、方向性を変えることを提案し、そのお手伝いをすることだけです。

一〇回のロルフィングを受け終わったときには「え、なにも変わっていないけど」と思いました。しかし、五年、十年、二十年と生活をした今、確かに体が大きく変わったことに気づいているのです。

一流と三流も同じです。

日本社会は一流志向です。ほとんどの人が一流のほうを向いて生きています。むろん、その方向が向いている人はそれで問題ありません。しかし、そちらの方向では生きづらい人、すなわち三流の人も無理やり一流の方向に歩むことが求められています。本来は行くべきではない方向に歩いている。これは、後ろ髪を引っ張られながら進んでいるようなものです。ブレーキをかけながら自転車をこいでいるようなものです。

一生懸命にはやっています。しかし、全然進まないし、なんといっても楽しくない。「一応はちゃんとやっているつもりなのに、なぜかあまりうまくいかないなぁ」

そう思っている方は、「自分は三流だったのかもしれない」と思い、ぜひセルフ・カミングアウトをしてください。三流気質が一流をめざすと、未来志向どころか、「今」をも楽しめないことになりかねませんから。

さて、これは「おわりに」ということになっています。しかし三流に「おわりに」は似合わない。なぜなら三流には終わりがないからです。本書もこれで終わりではありません。本文にも書きましたが、三流人の生き方は「螺旋的生き方」です。ぐるぐる、ぐるぐるまわっていって、なにに出会うかわからない。そのことに常に開かれているのが三流的な生き方です。これから先、なにに出会って、そしてどんな人生になるか想像もつかない。数年後に本書の続編を書いたら、またまったく違うことを書いている可能性だってあります。「転がる石に苔《こけ》つかず（A rolling stone gathers no moss.）」ということわざがあります。ローリングストーンです。このことわざは、ロックバンド、ローリング・ストーンズのメンバーの出身地であるイギリスでは「転がる石のように仕事や住まいをころころ変えるような奴は成功できない」という意味で使われます。ところが同じことわざがアメリカでは「いつも動き回って変化している人は能力を錆《さ》びつかせることがない」というような意味で使われるのです。土地によって全然違う。

日本はイギリスに近いでしょう。ローリングストーンである三流人には生きにくい。そういうときは、一度立ち止まり、仕事を見直し、人間関係を整理して、自分のまわりだけ生きやすい環境にしてしまうという手もあります。むろん、そんなに簡単にはできないでしょう。しかし、それこそ螺旋的生き方。ゆるゆる、ゆるゆる、ぐるぐる、ぐるぐるまわりながら生きやすい環境を作っていきましょう。

世阿弥《ぜあみ》も言いました。「命には終わりあり。能には果《はて》あるべからず」

ひょっとしたら生きているうちには実現できないかもしれない。でも、自分が死んだことにも気がつかず、ぐるぐる、ぐるぐる螺旋的人生を生きていく。それが三流人なのです。

二〇二一年六月

安田登

安田登　やすだ・のぼる
1956年千葉県銚子市生まれ。能楽師のワキ方として活躍するかたわら、
甲骨文字、シュメール語、論語、聖書、短歌、俳句等々、
古今東西の「身体知」を駆使し、さまざまな活動を行う。
著書に『あわいの力～「心の時代」の次を生きる』、
コーヒーと一冊『イナンナの冥界下り』、『すごい論語』（以上、ミシマ社）、
『身体感覚で「論語」を読みなおす。』（新潮文庫）、
『能～650年続いた仕掛けとは』（新潮新書）、『野の古典』（紀伊國屋書店）、
『見えないものを探す旅～旅と能と古典』（亜紀書房）など多数。

本書は2020年10～11月に開催されたMSLive!の
オンライン連続講座「三流のすすめ」をもとにした書き下ろしです。

三流のすすめ
2021年7月26日　初版第1刷発行
2022年3月15日　初版第2刷発行

著　　者　安田登

発 行 者　三島邦弘
発 行 所　（株）ミシマ社
郵便番号　152-0035
東京都目黒区自由が丘2-6-13
電話　03-3724-5616 ／ FAX　03-3724-5618
e-mail　hatena@mishimasha.com
URL　http://www.mishimasha.com/
振替　00160-1-372976

装　　丁　寄藤文平・古屋郁美（文平銀座）
印刷・製本　（株）シナノ
組　　版　（有）エヴリ・シンク

　ISBN 978-4-909394-54-5